中小企業のための

働き方改革後の就業規則と労使協定

太田 恒久
石井 妙子 編

税務研究会出版局

は し が き

　働き方改革関連法は原則として平成31年（2019年）4月1日から実施されています。しかし，中小企業においては，多くの猶予期間が設けられています。例えば，時間外労働の上限規制や36協定については令和2年（2020年）4月1日から施行されますので，中小企業の方々にとってはこれからの検討課題とされているところも多いかと思います。

　そこで，本書は，中小企業がこれから検討するべき事項の整理と留意点，また既に実施されている場合は，法改正点が的確に反映されているかの留意点も含めて，Q&A形式でわかりやすく解説することを心がけて執筆したものです。あわせて実務的に役立つよう法改正を踏まえた就業規則の具体的な見直し例を収録したほか，労使協定についても具体的に解説しています。

　中小企業の皆さまが，今回の働き方改革に沿って円滑に労務管理を進められることを心より願っています。

　　令和元年7月　　　　　　　　　　　　　　　　　　　太田　恒久

　　　　　　　　　　　　　　　　　　　　　　　　　　石井　妙子

目　　次

第1　「働き方改革」と企業への影響

1　働き方改革の概要 ……………………………………………… 2

Q1　働き方改革とは ……………………………………………… 2

Q2　改正された法律一覧 ………………………………………… 2

Q3　改正法の概要 ………………………………………………… 4

Q4　改正法の施行日 ……………………………………………… 7

2　企業の実務への影響 ………………………………………… 10

＜1＞時間外労働の上限規制 …………………………………… 10

Q5　新設された上限規制 ………………………………………… 10

Q6　36協定内容の変更点 ………………………………………… 12

Q7　新36協定に関する経過措置および適用猶予 ……………… 14

Q8　上限規制の適用猶予または免除 …………………………… 15

Q9　労働時間の計算方法 ………………………………………… 17

Q10　罰則について ………………………………………………… 18

Q11　配転や出向の場合における上限規制 ……………………… 19

＜2＞年次有給休暇の時季指定の義務化 ……………………… 20

Q12　年休の時季指定義務とは …………………………………… 20

Q13　全部または一部前倒し付与の場合 ………………………… 23

Q14　時季指定に関する経過措置 ………………………………… 26

＜3＞フレックスタイム制の見直し …………………………… 27

Q15　導入済のフレックスタイム制と割増賃金 ………………… 27

Q16　新たなフレックスタイム制導入への影響 ………………… 28

Q17 導入済のフレックスタイム制への影響……………………28

Q18 フレックスタイム制導入時の注意点………………………29

Q19 改正対応の期限………………………………………………30

Q20 労使協定の見直しが必要な場面…………………………30

＜4＞過半数代表者の要件等………………………………………31

Q21 過半数代表者の改正点……………………………………31

Q22 「使用者の意向によって選出された者」の例…………32

Q23 使用者の意向によって選出された者でないことの立証

………………………………………………………………33

＜5＞健康情報取扱いルール………………………………………33

Q24 健康情報の取扱い…………………………………………33

＜6＞高度プロフェッショナル制度………………………………38

Q25 高プロ制度適用の影響……………………………………38

Q26 高プロ制度の適用除外規定………………………………40

Q27 高プロ制度の導入手続と対象業務………………………40

Q28 高プロ制度の対象となる労働者…………………………43

Q29 管理監督者との違い………………………………………44

Q30 高プロ制度を導入しない場合……………………………45

Q31 対象労働者の同意…………………………………………46

Q32 同意の撤回とその対応……………………………………47

Q33 健康管理時間の把握と健康確保措置……………………48

＜7＞産業医の機能強化……………………………………………50

Q34 独立性・中立性の強化……………………………………50

Q35 産業医の権限と義務………………………………………51

Q36 産業医に提供する情報……………………………………53

Q37 労働者の情報提供拒否……………………………………55

Q38 産業医への相談体制の整備………………………………56

Q39 相談費用の負担……………………………………………57

＜8＞長時間労働者への面接指導……………………………57

　Q40　面接指導の対象者…………………………………57

　Q41　面接後の対応………………………………………60

　Q42　労働時間の把握方法………………………………60

　Q43　労働者の受診拒否…………………………………62

＜9＞労働条件の明示………………………………………62

　Q44　労働条件の明示……………………………………62

　Q45　労働条件が異なっていた場合……………………64

＜10＞同一労働同一賃金…………………………………64

　Q46　同一労働同一賃金に関する法整備………………64

　Q47　対象となる待遇差とは……………………………66

　Q48　期待される役割と格差……………………………69

　Q49　「不合理と認められる相違」に該当する場合…………73

　Q50　短時間・有期雇用労働者に関するガイドラインの内容

　　　　………………………………………………………75

　Q51　待遇をすべて同じにすることの要否……………81

　Q52　「通常の労働者」とは……………………………82

　Q53　労働契約法20条に関するこれまでの裁判例……………88

　Q54　派遣社員への適用…………………………………97

　Q55　比較対象労働者の選定……………………………105

　Q56　情報漏洩への対策…………………………………106

　Q57　短時間・有期雇用労働者の待遇に関する説明義務…………107

　Q58　派遣労働者の待遇に関する説明義務……………115

　Q59　派遣労働者への直接の情報提供の可否…………122

　Q60　派遣労働者に関するガイドラインの内容…………123

＜11＞勤務時間インターバル制度………………………132

　Q61　インターバル制度と通常の休憩との違い…………132

目次　v

<12>その他 ……………………………………………… 135

　Q62　裁量労働制の改正について ………………………… 135

　Q63　パワーハラスメント防止措置の義務化 …………… 135

　Q64　民法改正の影響 ……………………………………… 144

第2　働き方改革と就業規則・労使協定への影響

1　就業規則の意義と留意点 ………………………………… 162

　Q65　就業規則の作成と届出 ……………………………… 162

　Q66　就業規則の効力 ……………………………………… 165

　Q67　不利益変更の合理性 ………………………………… 166

　Q68　不利益変更と同意 …………………………………… 169

2　働き方改革と就業規則の改訂 …………………………… 171

　<1>就業規則例 ……………………………………………… 171

3　労使協定の意義と留意点 ………………………………… 199

　Q69　労使協定の効力 ……………………………………… 199

　Q70　労使協定が締結されていない場合のリスク ……… 201

　Q71　労使協定の締結・届出の留意点 …………………… 202

　Q72　労使協定の労働者側締結当事者 …………………… 205

　Q73　労使協定と労働協約 ………………………………… 208

　Q74　労使委員会の協定代替決議とは …………………… 210

4　働き方改革と労使協定の改訂 …………………………… 212

　<1>36協定例 ………………………………………………… 212

　<2>時間単位年休を認める場合の協定例 ……………… 217

＜3＞フレックスタイム制の労使協定例（清算期間1か月の例）
....219

＜4＞フレックスタイム制の労使協定例（清算期間3か月の例）
....221

＜5＞高度プロフェッショナル制に関する労使委員会決議例
....223

5　その他の検討事項..233
＜1＞副業・兼業..233
Q75　副業・兼業に関する裁判例............................233
Q76　副業・兼業に関する就業規則の留意点..............234
Q77　副業・兼業を認める場合の留意点....................235
＜2＞テレワーク・在宅勤務..............................237
Q78　テレワーク・在宅勤務の様々な制度設計............237
Q79　在宅勤務制度導入時の留意点..........................238
Q80　在宅勤務制度の運用上の留意点........................239
＜3＞短時間正社員制度..................................242
Q81　多様な形態による正社員と短時間正社員............242
Q82　短時間正社員制度導入時の検討事項..................243
＜4＞地域限定正社員制度................................248
Q83　多様な形態による正社員と地域限定正社員..........248
Q84　地域限定正社員の制度・規定の留意点..............248
Q85　勤務地限定の場合の会社都合解雇....................249

【凡　例】

本書において用いている法令等の略称はおおむね下記の通りです。

また，わかりやすいように，「改正○○法」等の表現を用いる場合があります。

（使用例）労働基準法第36条第3項第3号→労基法36③三

働き方改革関連法…働き方改革を推進するための関係法律の整備に関する法律

労基法…労働基準法

労基則…労働基準法施行規則

労組法…労働組合法

労契法…労働契約法

安衛法…労働安全衛生法

安衛則…労働安全衛生規則

パートタイム労働法…短時間労働者の雇用管理の改善等に関する法律（令和2年3月31日まで）

パート・有期労働法…短時間労働者及び有期雇用労働者の雇用管理の改善等に関する法律（令和2年4月より）

育介法…育児休業，介護休業等育児又は家族介護を行う労働者の福祉に関する法律

育介則…育児休業，介護休業等育児又は家族介護を行う労働者の福祉に関する法律施行規則

派遣法…労働者派遣事業の適正な運営の確保及び派遣労働者の保護等に関する法律

派遣則…労働者派遣事業の適正な運営の確保及び派遣労働者の保護に関する法律施行規則

高プロ指針…労働基準法第41条の2第1項の規定により同項第1号の業務に従事する労働者の適正な労働条件の確保を図るための指針（平成31年3月25日厚労省告示第88号）

高プロ通達…「働き方改革を推進するための関係法律の整備に関する法律による改正後の労働基準法関係の解釈について」の一部改正について（令和元年7月12日　基発0712第2号・雇均発0712第2号）

パート・有期施行通達…短時間労働者及び有期雇用労働者の雇用管理の改善等に関する法律の施行について（平成31年1月30日　基発0130第1号・職発0130第6号・雇均発0130第1号・開発0130第1号）

同一労働同一賃金ガイドライン…短時間・有期雇用労働者及び派遣労働者に対する不合理な待遇の禁止等に関する指針（平成30年12月28日厚労省告示第430号）

＊本書は原則として令和元年8月1日現在の法令に基づいています。

　なお，本文中意見にわたる部分は筆者の私見です。

第1

「働き方改革」と企業への影響

1 働き方改革の概要

Q 1 働き方改革とは

そもそも働き方改革とは何ですか。

A

働き方改革とは，労働者の多様な事情に応じた雇用の安定および職業生活の充実ならびに労働生産性の向上を促進し，もって現在日本が直面している，「少子高齢化に伴う生産年齢人口の減少」，「育児や介護との両立など，働く人のニーズの多様化」などの課題を解決することを目指す施策です。

働き方改革の推進のため，「働き方改革を推進するための関係法律の整備に関する法律」（以下「働き方改革関連法」といいます。）が制定され，同法に基づき，労働時間法制や，雇用形態に関わらない公正な待遇の確保等を実現するために各種法令が改正されました。

働き方改革とは，このような理念・目的に基づき，各種法令を改正等する一連の施策を総称するものといえます。

Q 2 改正された法律一覧

どのような法律が改正されたのですか。

A

「働き方改革を推進するための関係法律の整備に関する法律」に基づき，次のとおり，多数の法律が改正されました。

本書では，このうち特に人事労務管理上重要となる，労働基準法，労働契約法，労働安全衛生法，短時間労働者の雇用管理の改善等に関する法律*の改正に焦点を当てて解説をしています。

┌─【改正された法律】────────────────────

・**労働基準法**

・じん肺法

・雇用対策法

・**労働安全衛生法**

・労働者派遣事業の適正な運営の確保及び派遣労働者の保護等に関する法律

・労働時間等の設定の改善に関する特別措置法

・**短時間労働者の雇用管理の改善等に関する法律***

　　*令和2年（2020年）4月より「短時間労働者及び有期雇用労働者の雇用管理の改善等に関する法律」

・**労働契約法**

・健康保険法

・職業安定法

・生活保護法

・出入国管理及び難民認定法

・駐留軍関係離職者等臨時措置法

・障害者の雇用の促進等に関する法律

・住民基本台帳法

・職業能力開発促進法

・農村地域への産業の導入の促進等に関する法律

・雇用保険法

・漁業経営の改善及び再建整備に関する特別措置法

・国際協定の締結等に伴う漁業離職者に関する臨時措置法

・本州四国連絡橋の建設に伴う一般旅客定期航路事業等に関する特別

措置法

・沖縄振興特別措置法

・行政手続きにおける特定の個人を識別するための番号の利用等に関する法律

・地方公務員法

・厚生年金保険法

・社会保険労務士法

・高年齢者等の雇用の安定等に関する法律

・建設労働者の雇用の改善等に関する法律

・港湾労働法

・育児休業・介護休業等育児又は家族介護を行う労働者の福祉に関する法律

・暴力団員による不当な行為の防止等に関する法律

・地方公務員の育児休業等に関する法律

・独立行政法人通則法

・公的年金制度の財政基盤及び最低保障機能の強化等のための国民年金法等の一部を改正する法律

・外国人の技能実習の適正な実施及び技能実習生の保護に関する法律

・厚生労働省設置法

-Q- 3 改正法の概要

法改正の概要を教えてください。

A

　法改正の概要は大きく分けて二つあり，一つ目は，「長時間労働の是正，多様で柔軟な働き方の実現等」であり，二つ目は，「雇用形態

にかかわらない公正な待遇の確保」です。

「長時間労働の是正，多様で柔軟な働き方の実現等」に関する法改正のうち主たるものは労働基準法の改正であり，「雇用形態にかかわらない公正な待遇の確保」に関する法改正のうち主たるものはパートタイム労働法の改正です。

労働基準法およびパートタイム労働法の改正点の概要は，それぞれ次のとおりです。

1．労働基準法の改正点概要

(1) 時間外労働の上限

時間外労働の上限について，これまでは特別条項があれば法律上の上限なく延長可能であったところが，臨時的な特別な事情がある場合でも年720時間，単月100時間未満（休日労働を含む），複数月平均80時間（休日労働を含む）が延長の上限になりました。

(2) 月60時間超えの割増率について中小企業への猶予撤廃

月60時間を超える時間外労働に関する割増賃金率を50％以上と定める規定について，これまでは中小企業への適用が猶予されていましたが，同猶予措置が撤廃されます。

(3) 使用者による年休の時季指定

使用者は，10日以上の年次有給休暇が付与されている労働者に対して，そのうち5日分につき，毎年時季を指定して与えなければならなくなります。

(4) フレックスタイム制の柔軟化

フレックスタイム制に関しては，清算期間が最大で1か月から3か月に延長され，清算期間が1か月を超える場合には，清算期間を平均

して1週の労働時間が40時間以内であることという従前の規制に加え，清算期間の開始日以後1か月ごとに区分した各期間で，当該期間内を平均して1週の労働時間が50時間を超えないことという新たな規制が加わります。

(5) 高度プロフェッショナル制度の創設

　高度の専門的知識等を必要とし，労働に従事した時間と従事して得た成果との関連性が通常高くないと認められる者のうち，年収が一定水準を上回る者について，健康確保措置や本人同意等の制度導入手続きを経ることを条件に，時間外・休日労働協定の締結や時間外・休日・深夜の割増賃金の支払義務当の規定の適用を除外する制度が新設されました（本書において「高プロ制度」と略称を用いる場合があります）。

2．パートタイム労働法の改正点概要

(1) 不合理な労働条件の差および差別的取扱いの禁止

　これまでパートタイム労働法が，正社員とパートタイム労働者との間の不合理な労働条件の差や，パートタイム労働者に対する差別的取扱いを禁止しており，労働契約法が，正社員と有期雇用労働者との間の不合理な労働条件の差を禁止していました。

　前述の通り，法改正により，パートタイム労働法の名称が，「短時間労働者の雇用管理の改善等に関する法律」から，「短時間労働者及び有期雇用労働者の雇用管理の改善等に関する法律」に変更され，同法において，パートタイム労働者と有期雇用労働者の双方について，正社員との間での不合理な労働条件の差および差別的取扱いが禁止されることになります。

　特に，有期雇用労働者について，正社員との間での差別的取扱いを禁止する規定は，労働契約法にはなかった規制であり，新設となります。

また，派遣労働者については，派遣法の改正により，派遣先の正社員との間で，不合理な労働条件の差および差別的取扱いが禁止されることになります。ただし，派遣元において一定の要件を満たす労使協定を締結した場合には，同労使協定に基づき派遣労働者の待遇を定めることが可能になります。

(2) 労働者に対する説明義務の強化

パートタイム労働者，有期雇用労働者，派遣労働者といったいわゆる非正規社員は，使用者に対して，正社員との間での待遇差の内容や理由などについて説明を求めることができるようになります。

使用者は，雇入れ時に，雇用管理上の措置の内容（賃金，教育訓練，福利厚生施設の利用等）に関して説明しなければならず，労働者からの求めがあった場合には随時，待遇決定に際しての考慮事項や，待遇差の内容・理由を説明しなければなりません。

(3) 行政手続き

行政による使用者に対する助言・指導等の手続きや，裁判外紛争解決手続き（行政 ADR）が整備されます。

都道府県労働局において，無料・非公開の紛争解決手続きを行うことが可能になり，上記説明義務についても行政 ADR の対象になります。

改正法の施行日

いつから実務に影響があるのですか。

A

いずれの法改正も，原則として平成31年（2019年）4月1日から施

行されています（働き方改革関連法附則1）。

　ただし，主要な改正法のうち一部について，以下のとおり経過措置や猶予期間が設けられています。

1．労働基準法

⑴　時間外労働の上限規制

　時間外労働の上限規制については，中小企業に対しては1年猶予され，令和2年（2020年）4月1日から施行されます（働き方改革関連法附則3）。

　中小企業とは，資本金の額または出資の総額が3億円（小売業またはサービス業を主たる事業とする事業主については5,000万円，卸売業を主たる事業とする事業主については1億円）以下である事業主およびその常時使用する労働者の数が300人（小売業を主たる事業とする事業主については50人，卸売業またはサービス業を主たる事業とする事業主については100人）以下である事業主をいいます。

　また，36協定の有効期間が改正前・後をまたいでいる場合，当該協定の有効期間の初日から起算して1年間を経過する日までの間は，改正前の労基法が適用されます（働き方改革関連法附則2）。

⑵　年次有給休暇の時季指定義務

　経過措置として，改正法が施行される平成31年（2019年）4月以後，最初に年10日以上の法定の年次有給休暇を付与する日（基準日）から，時季指定の義務が生じます（働き方改革関連法附則4）。

2．労働安全衛生法

　改正後の安衛法では，新技術・新商品等の研究開発業務に従事する労働者の時間外労働が月100時間を超えた場合，当該労働者に対して医師による面接指導を実施することが使用者に義務付けられました

が，上記「1」(1)で述べた，時間外労働に関する上限規制の適用が猶予され，従前の規制による36協定が適用される労働者に関しては，同面接指導を要しないものとされています（働き方改革関連法附則5）。

3．労働者派遣法

派遣法については，令和2年（2020年）4月1日から施行されます。

ただし，労基法，安衛法，じん肺法の適用に関する特例を定めた条項（派遣法44～46）については，原則どおり2019年4月1日から施行されています。

また労働者派遣事業の許可の取消しについては，改正前の派遣法の規定により許可を受けている使用者に対しては，なお従前の例によるものとされています（働き方改革関連法附則6）。

4．パート・有期労働法

中小企業に対しては，令和3年（2021年）3月31日までの間，パートタイム労働者および有期雇用労働者に対する規制はなお従前の例によることとされています（働き方改革関連法附則11）。

2 企業の実務への影響

＜1＞時間外労働の上限規制

-Q- 5 新設された上限規制

残業規制が厳しくなると聞きましたがどういうことですか。

A

1．改正後の上限規制

　改正後は，時間外労働の上限について，月45時間，年360時間を原則（改正労基法36④）とし，臨時的な特別な事情がある場合でも年6回を限度として，年720時間（休日労働を含まない。），単月100時間未満（休日労働を含む。），複数月平均80時間（休日労働含む。）までが延長の限度（改正労基法36⑤⑥）と定められました。

　改正法の適用について，大企業に対する施行は平成31年（2019年）4月ですが，中小企業に対しては1年猶予され令和2年（2020年）4月となります（働き方改革関連法附則3）。

2．改正前との比較

　改正前は，大臣告示という形式で時間外労働の限度基準が定められており，原則として月45時間，年360時間が時間外労働の上限とされ，臨時的な特別の事情がある場合に年6回を限度として時間外労働を延長することができるものと定められていましたが，これは，あくまで行政官庁の助言・指導権限の根拠として定められたものであり，労使

当事者を法的に拘束する効力はなく，違反した場合の罰則もありませんでした。したがって，大臣告示に定める限度基準を超える時間外労働を命じたとしても，権利濫用に該当しない限り法的には有効と解されていました。

また，これまでは臨時的な特別の事情がある場合の延長時間について上限が定められていませんでした。

しかし，改正後は，労基法により時間外労働の原則的な上限および臨時的な特別の事情がある場合の延長上限が定められることになりました。今回定められた上限規制はこれまでの大臣告示とは異なり，労基法上の定めとして法的拘束力を有するものであり，これに違反した場合には罰則の適用もあり得ます。また，労基法は強行法規であるため，これを下回る当事者間の合意は無効となります。したがって，労働者が個別に同意していたとしても，上限規制を上回る時間外労働を命じることはできません。

また，改正前は，時間外労働に関する原則的な上限および臨時的な特別の事情がある場合の36協定上の延長上限のいずれについても，休日労働の時間数は除外されていましたが，改正後は，休日労働も含むものとされました。

ただし，臨時的な特別の事情がある場合の年間延長上限である720時間の算定にあたっては，休日労働の時間数は除外されます。

3．単月および複数月平均の上限時間について

単月100時間未満，複数月平均80時間以内という上限規制は，「脳血管疾患及び虚血性心疾患等（負傷に起因するものを除く。）の認定基準について」（平成13年12月12日基発1063号）において，「発症前1か月間におおむね100時間又は発症前2か月間ないし6か月間にわたって，1か月当たりおおむね80時間を超える時間外労働が認められる場合は，業務と発症との関連性が強いと評価できること」とされているこ

ととを考慮して定められた基準になります。

　ただし，時間外労働の上限規制における労働時間数の計算方法と，労災認定基準や医師による面接指導の実施要件等，健康管理の観点から定められた基準における労働時間数の計算方法は異なるため注意が必要です。

　その違いの具体的内容についてはＱ９を参照してください。

4．複数月平均とは

　時間外労働の上限規制における複数月平均80時間以内とは，36協定の対象期間の初日から１か月ごとに区分した各期間を基準に，２か月間，３か月間，４か月間，５か月間，６か月間のいずれの期間においても，一月あたりの平均時間外労働時間数（休日労働を含む。）が80時間以内であることを意味します（改正労基法36③三）。

　労災認定基準では，発症日を基準に，そこからさかのぼって２か月間ないし６か月間の時間外労働の平均時間数が問題とされますが，時間外労働の上限規制では，発症の有無が問題とされているものではないため，36協定の対象期間の全てにおいて複数月平均80時間以内となることが求められている点で異なります。

　また，改正法施行前の期間や経過措置の対象期間は，複数月平均の算定対象にはなりません。

-Q- 6 36協定内容の変更点

いわゆる36協定については具体的に何がかわったのですか。

A

1．改正の概要

　法改正に併せて36協定の届出様式が変更されました。また，労使間で締結すべき36協定の内容も(2)のとおり変更されました。改正後の36協定の届出様式は本書215，216頁を参照してください。

2．改正前との比較

　36協定で定めるべき事項は，改正前・後で次のとおり定められています。

(1)　改正前

　36協定で締結すべき内容について，次のとおり定められていました（改正前の労基則16①②）。

①　時間外又は休日の労働をさせる必要のある具体的事由，業務の種類，労働者の数

②　1日及び1日を超える一定の期間についての延長することができる時間又は労働させることができる休日

③　有効期間

(2)　改正後

　36協定で締結すべき内容について，次のとおり定められています（改正後の労基法36②および労基則17）。

①　労働時間を延長し，又は休日に労働させることができることとされる労働者の範囲

②　労働時間を延長し，又は休日に労働させることができる対象期間

③　労働時間を延長し，又は休日に労働させることができる場合

④　上記②の対象期間における１日，１か月および１年のそれぞれの期間について労働時間を延長して労働させることができる時間又は労働させることができる休日の日数

⑤　36協定の有効期間

⑥　上記④の１年の期間について，起算点

⑦　１か月について労働時間を延長して労働させ，及び休日において労働させた時間が100時間未満であること

⑧　対象期間の初日から１か月ごとに区分した各期間に当該各期間の直前の１か月，２か月，３か月，４か月及び５か月の期間を加えたそれぞれの期間における労働時間を延長して労働させ，及び休日において労働させた時間の１か月当たりの平均時間が80時間を超えないこと

⑨　限度時間を超えて労働させる労働者に対する健康及び福祉を確保するための措置

⑩　限度時間を超えた労働に係る割増賃金の率

⑪　限度時間を超えて労働させる場合における手続

-Q- 7 新36協定に関する経過措置および適用猶予

現在の36協定は全て締結しなおすことになりますか。いつまでに対応すればいいのでしょうか。

A

36協定の有効期間が改正前・後をまたいでいる場合，当該協定の有効期間の初日から起算して１年間を経過する日までの間は，改正前の労基法が適用されます（働き方改革関連法附則２）。

したがって，法改正を機にただちに36協定を締結しなおさなければならないというわけではありません。

36協定に関する改正労基法の適用は，大企業については平成31年（2019年）4月，中小企業については令和2年（2020年）4月とされています（働き方改革関連法附則3）。

36協定の有効期間が改正後の期間のみを含む場合や，改正前・後の期間を含むものの，有効期間の初日から1年を経過する場合には，改正労基法に従って36協定を締結する必要が生じます。

なお，36協定の新様式は，旧様式の記載事項を全て包含しているため，改正前から新様式によって36協定を締結・届出することは何ら差し支えありません。

Q 8 上限規制の適用猶予または免除

業種や業務によって時間外労働の上限規制の適用が免除される場合はありますか。

A

1．適用が猶予される事業・業務

以下の事業・業務については，上限規制の適用が5年間猶予されます。

(1) 建設事業

令和5年（2024年）4月1日以降は，災害の復旧・復興の事業を除き，上限規制が全て適用されます。

災害の復旧・復興の事業に関しては，時間外労働と休日労働の合計について，月100時間未満および2～6か月平均80時間以内とする規制は適用されません。

(2) 自動車運転の業務

　令和5年（2024年）4月1日以降は，特別条項付き36協定を締結する場合の年間の時間外労働の上限が年960時間となります。

　ただし，時間外労働と休日労働の合計について，月100時間未満および2～6か月平均80時間以内とする規制は適用されません。

　また，時間外労働が月45時間を超えることができるのは年6か月までとする規制は適用されません。

(3) 医師

　令和5年4月1日以降の具体的な上限時間は今後，省令で定めることとされています。

　現時点（令和元年7月）では，上限案として，医療機関で診療に従事する勤務医の時間外労働を休日労働込みで年960時間以内とすること，地域医療提供体制の確保の観点からやむを得ずこの水準に到達できない場合も年2000時間以内とすることが検討されています。

(4) 鹿児島県および沖縄県における砂糖製造業

　令和5年4月1日以降は上限規制が適用されます。

2．適用が除外される業務

　新技術・新商品等の研究開発業務については，医師の面接指導，代替休暇の付与等の健康確保措置を設けた上で，時間外労働の上限規制の適用が除外されます。

　同業務に従事する労働者が，1週あたり40時間を超えて労働した時間が月100時間を超える場合，使用者は同労働者に対して医師の面接指導を実施することが義務付けられており（安衛法68の8の2，安衛則52の7の2），違反した場合には罰則（安衛法120①一）の適用もあり得ます。

労働時間の計算方法

-Q-9
延長上限である単月100時間未満，複数月平均80時間以内というのは，労災認定基準における時間外労働の時間数と同じような方法で計算すればよいのでしょうか。

A

　時間外労働の上限規制における労働時間数の計算方法と，労災認定基準における時間外労働の労働時間数の計算方法は異なります。

　変形労働時間制やフレックスタイム制などを利用している場合，時間外労働の上限規制の観点からは，変形労働制のシフトの範囲内あるいはフレックスタイムの清算期間内を平均して１週40時間内に収まっていれば，特定の日または週に１日８時間，１週40時間を超えて労働していることがあったとしても，その分を時間外労働の時間数として計算する必要はありません。

　しかし，過労死基準で言われている時間外労働の時間数は，そのような制度の導入の有無と関係なく，１週あたり40時間を超えて労働した時間は全て時間外労働の時間数として計算する必要があります。

　具体的な計算式は，

　１か月の時間外・休日労働時間数＝

　１か月の総労働時間数－（計算期間１か月間の総暦日数／７）×40

となります。

　また，安衛法では，労働者の労働時間が一定時間を超えると労働者に対する通知や医師の面接指導を行うものとされていますが，その基準となる労働時間の算定も，過労死基準と同様の計算方法によることになります。

　そのため，変形労働時間制やフレックスタイム制を導入している企業は，時間外労働の上限規制を管理するための労働時間数と，安衛法

や過労死基準など健康管理の観点からの労働時間数の両方を把握・管理する必要があります。

　この違いを知らずに，変形労働時間制やフレックスタイム制上の労働時間しか管理していない場合，安衛法の定める労働時間の適正把握義務（安衛法66の8の3，安衛則52の7の3）に違反するおそれがあるため注意が必要です。

Q 10 罰則について

改正に対応しないとどうなりますか。罰則について改正はありますか。

A

　臨時的な特別の事情がないにもかかわらず，月45時間，年360時間を超えて労働させた場合，6か月以下の懲役または30万円以下の罰金という罰則（労基法119①）の適用があり得ます。

　また，臨時的な特別の事情があったとしても，時間外労働の時間数が，年720時間（休日労働を含まない。）を超え，あるいは単月100時間以上または複数月平均80時間超えとなった場合，同様の罰則の適用があり得ます。

　また，改正後の様式に従った36協定を行政官庁に届け出ずに時間外労働を命じた場合も違法な残業となるため，同様の罰則の適用があり得ます。

　ただし，36協定の有効期間が改正前・後をまたいでいる場合，当該協定の有効期間の初日から起算して1年間を経過する日までの間は，改正前の労基法が適用されます（働き方改革関連法附則2）。したがって，その場合には改正法への対応に最大で1年間の猶予期間が設けられることになります。

-Q- 11 配転や出向の場合における上限規制

勤務地や職務内容が変更になった場合，あるいは出向になった場合，時間外労働の上限規制はどのように取り扱われますか。

A

1．別の事業場へ異動する場合

月45時間，年360時間以内という上限規制は，事業場ごとに適用されるため，別の事業場に異動した場合，異動前・後のそれぞれの期間における時間外労働時間数は通算されません。

一方で，単月100時間未満，複数月平均80時間以内という上限規制は，労働者個人の実労働時間を規制するものであるため，別の事業場に異動した場合であっても，異動前・後のそれぞれの期間における時間外労働時間数は通算されます。

2．適用除外業務から業務内容が変更された場合

時間外労働の上限規制の適用が除外されている業務から，同規制が適用される業務（以下「一般則適用業務」といいます。）に職務内容が変更となった場合であっても，同一の36協定によって時間外労働を行わせる限り，月45時間，年360時間以内という上限規制の適用に関しては，職務内容の変更の前・後のそれぞれの期間における時間外労働時間数が通算されます。

一方，単月100時間未満，複数月平均80時間以内という上限規制は，一般則適用業務に従事する期間における実労働時間についてのみ適用されます。

3．出向の場合

　出向前・後で異なる36協定が適用される場合，出向元における時間外労働の実績にかかわらず，出向先の36協定の範囲内で時間外・休日労働を行うことが可能となります。

　ただし，単月100時間未満，複数月平均80時間以内の上限規制の適用にあたっては，労基法38条１項により，出向前・後のそれぞれの期間における労働時間が通算されます。

＜２＞年次有給休暇の時季指定の義務化

-Q- 12　年休の時季指定義務とは

年次有給休暇の時季指定の義務化とはどのような制度でしょうか。これまでの，いわゆる計画年休とは仕組みが違うのでしょうか。

A

1．改正の概要，計画年休との違い

　時季指定の義務化とは，今般の労基法改正により導入された制度であり，具体的には，平成31年（2019年）４月から全ての使用者は労働者に対して，年５日の年次有給休暇を取得させることが義務付けられるようになります（改正労基法39⑦）。

　これまでは，年次有給休暇について，同僚への気兼ねや請求することへのためらいから取得率が低迷していたため，そのような現状をあらためて取得を促進するために法改正がなされました。

　一方，計画年休の制度は，実施するにあたって労使協定の締結が必要であり，労使協定がない場合には使用者に制度の実施が義務付けられているものではない点で，時季指定の義務化とは異なります。

２．制度内容

年次有給休暇に関する法改正の具体的な内容は次のとおりです。

⑴　対象者

改正法が施行される平成31年４月以降に，年10日以上の法定の年次有給休暇を付与される労働者が対象になります。労基法の定めを超える日数分の年次有給休暇は除外して，法定の年次有給休暇の日数が10日以上になるか否かで対象者を選別します。

具体的には，フルタイムの労働者であれば，継続勤務日数が６か月以上で法定の年次有給休暇が10日間付与され，週所定労働日数が４日であれば継続勤務日数が３年６か月以上，週所定労働日数が３日であれば継続勤務日数が５年６か月以上で法定の年次有給休暇が10日間付与されることになりますので，平成31年４月以降にこれらの者に対して10日間を超える法定の年次有給休暇が付与される場合には，使用者に時季指定義務が生じることになります。

また，これらの継続勤務日数を満たしていなかったとしても，法定の基準日より前倒しして，平成31年４月以降に年10日以上の法定の年次有給休暇を付与する場合には，時季指定義務の対象となります。

管理監督者や有期雇用労働者も時季指定義務の対象となります。

⑵　年５日の時季指定義務

使用者は，各労働者に対して，年次有給休暇を付与した日（基準日）から１年以内に５日分を，取得時季を指定して取得させることが義務付けられます。

⑶　時季指定の方法

使用者は，時季指定にあたって労働者の意見を聴取する必要があります（労基則26の６①）。また，可能な限り労働者の希望に沿った取得

時季になるよう，聴取した意見を尊重するよう努めなければならない
ものとされています（労基則26の6②）。

　意見聴取の方法は，使用者の裁量に委ねられており，具体的には，
面談，年次有給休暇取得計画表，メール，パソコン上の管理システム
等が考えられます。

⑷　時季指定を要しない場合

　すでに5日以上の年次有給休暇を請求・取得している労働者に対し
ては，使用者による時季指定をする必要はなく，また，時季指定をす
ることもできません。

　したがって，「使用者による時季指定」，「労働者自らの請求・取得」，
「計画年休」のいずれかの方法で，労働者に対して合計5日以上の年
次有給休暇が付与されていれば，時季指定の義務を免れるとともに，
時季指定はできないこととなります。ただし，時間単位で取得した年
次有給休暇は，この5日分に算入されません。

⑸　年次有給休暇管理簿

　使用者は，労働者ごとに年次有給休暇管理簿を作成し，3年間保存
することが義務付けられます（労基則26の7）。

　年次有給休暇管理簿とは，年次有給休暇の取得時季，日数および基
準日を明らかにした書類です。保存期間は，当該年休を与えた期間中
および当該期間の満了後3年間となります。

　年次有給休暇管理簿は，労働者名簿または賃金台帳と併せて調製す
ることもでき，また，必要なときにいつでも出力できる仕組みとした
上で，システム上で管理することも差し支えないものとされています。

⑹　就業規則への規定

　時季指定の対象となる労働者の範囲および時季指定の方法等につい

て，就業規則に記載する必要があります。

　これらは休暇に関する事項であり，就業規則の絶対的必要記載事項
となります（労基法89）。

(7)　罰則

　時季指定義務または就業規則への記載義務に違反した場合，30万円
以下の罰則の適用があります（労基法120）。

　また，労働者の請求する時季に所定の年次有給休暇を取得させな
かった場合には，6か月以下の懲役または30万円以下の罰金の適用が
あります（労基法119）。この点は改正前と変更ありません。

　罰則の適用にあたっては，労働者1人につき1罪が成立します。例
えば，時季指定義務を全く履行していなかった場合，対象となる労働
者の数だけ犯罪が成立することになります。

-Q- 13 全部または一部前倒し付与の場合

年次有給休暇の全部または一部を前倒しで付与してい
る場合，5日分の時季指定が義務付けられる期間はどのように考
えればいいのでしょうか。

A

　年次有給休暇の全部または一部を前倒しで付与している場合です
が，考えられる3つのパターンおよびそれぞれの対応方法は次のとお
りです。

(1)　法定の基準日（雇入れの日から6か月後）より前に10日以上の年
　次有給休暇を付与する場合
　使用者は，付与日から1年以内に5日の年次有給休暇を取得させる

必要があります。

入社日：2019/4/1　休暇付与日：2019/4/1　(10日付与)

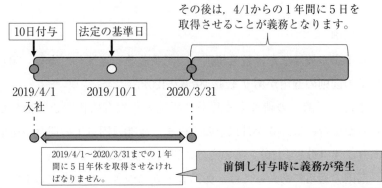

出典：リーフレット「年5日の年次有給休暇の確実な取得わかりやすい解説」（厚生労働省・都道府県労働局・労働基準監督署2019.3）をもとに作成

(2)　入社した年と翌年で年次有給休暇の付与日が異なるため，5日の指定義務がかかる1年間の期間に重複が生じる場合

　重複が生じるそれぞれの期間を通じた期間（前の期間の始期から後の期間の終期までの期間）の長さに応じた日数（比例按分した日数）を当該期間に取得させることも認められます（重複が生じるそれぞれの期間ごとに，原則通り5日分の時季指定をすることも認められます。）。

入社日：2019/4/1　休暇付与日：2019/10/1（10日付与）　（翌年度以降4/1に付与）

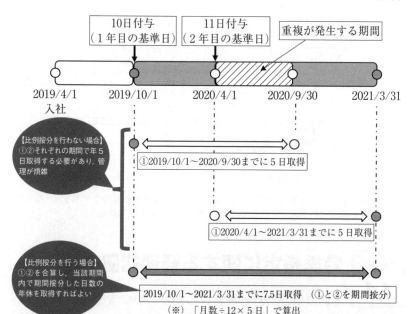

出典：リーフレット「年5日の年次有給休暇の確実な取得わかりやすい解説」（厚生労働省・都道府県労働局・労働基準監督署2019.3）をもとに作成

(3)　10日のうち一部を法定の基準日より前倒しで付与した場合

　付与日数の合計が10日に達した日から1年以内に5日の年次有給休暇を取得させる必要があります。その際，付与日数の合計が10日に達した日以前に，一部前倒しで付与した年次有給休暇について労働者が自ら請求・取得していた場合には，その取得した日数分を5日から控除する必要があります。

入社日：2019/4/1　休暇付与日：2019/4/1（5日付与），2019/7/1（5日付与）

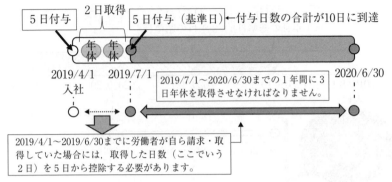

出典：リーフレット「年5日の年次有給休暇の確実な取得わかりやすい解説」(厚生労働省・都道府県労働局・労働基準監督署2019.3)をもとに作成

Q14　時季指定に関する経過措置

経過措置があると聞きましたが，いつまでに何をすればいいのでしょうか。

A

　改正法が施行される平成31年4月以後，最初に年10日以上の法定の年次有給休暇を付与する日（基準日）から，時季指定の義務が生じます（働き方改革関連法附則4）。したがって，同月以前にすでに発生している年次有給休暇については時季指定義務の対象になりません。

　フルタイムの労働者であれば，継続勤務日数が6か月以上で法定の年次有給休暇が10日間付与され，週所定労働日数が4日であれば継続勤務日数が3年6か月以上，週所定労働日数が3日であれば継続勤務日数が5年6か月以上で法定の年次有給休暇が10日間付与されることになりますので，平成31年4月以降にこれらの者に対して10日間を超える年次有給休暇が付与される場合には，使用者に時季指定義務が生じることになります。

また，これらの継続勤務日数を満たしていなかったとしても，法定の基準日より前倒しして，平成31年4月以降に年10日以上の法定の年次有給休暇を付与する場合には，時季指定義務の対象となります。

一方，法定の基準日に従って考えても，継続勤務年数の基準を満たしておらず，法定の年次有給休暇日数が10日間に満たない者は，たとえ前倒しで平成31年4月以降に法定の日数を超えて10日以上の年次有給休暇が付与されたとしても，時季指定義務の対象にはなりません。

＜3＞フレックスタイム制の見直し

-Q- 15 導入済のフレックスタイム制と割増賃金

今回の改正で，既にフレックスタイム制を導入している場合の割増賃金の支払方法も変わるということでしょうか。

A

現在フレックスタイム制を導入しているということですので，1か月以内の清算期間のフレックスタイム制を採用していると考えられます。そのような場合，割増賃金の支払方法は改正前と変わりません。

なお，もし今回の改正で新たに認められた1か月を超える清算期間のフレックスタイム制に変更する場合には，清算期間を1か月ごとに区分した各期間を平均して1週間あたり50時間を超えて労働させた部分も時間外労働にあたり，同時間数について割増賃金を支払う必要があります。さらに，1か月ごとに区分した各期間を平均して月60時間を超える場合は，5割以上の割増賃金を支払う必要があることになります（労基法37①但書）。

28 第1 「働き方改革」と企業への影響

-Q- 16 新たなフレックスタイム制導入への影響

今回の改正により，フレックスタイム制の導入がしやすくなるのでしょうか。

A

　今回のフレックスタイム制に関する主な改正は，清算期間の上限を3か月まで認めることで，従前より長い期間での労働時間の調整が可能となり，各労働者の都合・要望に合わせた柔軟な働き方が可能になるという点にあります。柔軟な働き方が可能となることで，仕事の効率が高まる，求人がしやすくなるなど効果も期待できるかもしれません。これらの効果がより期待できる改正後のフレックスタイム制が労使に受け入れられやすくなる，という意味では導入がしやすくなると言えるでしょう。

　もっとも，制度導入の手続面についてはこれまでと大きな変化はないので，特に導入しやすくなったとは言えません。また，1か月を超える清算期間を設ける場合には，労使協定で所定の事項を定めたうえで，労基署に届け出る必要があります。

　なお，時間外労働について36協定を結ぶ際には，今回の改正で設けられた法の上限規制を超えないように留意する必要があります（労基法36④，⑥二，三）。

-Q- 17 導入済のフレックスタイム制への影響

清算期間が1か月以下のフレックスタイム制を採用している企業では，改正の影響はないと考えてよいですか。

A

　まず，今回の改正で時間外労働の上限規制が法律により定められましたから，清算期間が1か月以下のフレックスタイム制を採用している場合でも，上限を超えないよう留意する必要があります。時間外労働の上限規制に違反するかどうかは，清算期間における法定労働時間の総枠時間数を超えた時間数が何時間となるかで判断されます。

　次に，長時間労働者に対する医師の面接指導の対象者について，時間外労働100時間超から80時間超へと要件が変わりましたから，この点も留意する必要があります。ここで注意が必要なのは，フレックスタイム制を採用している場合でも，1週間あたり40時間を超える労働時間が80時間超となった場合には，清算期間全体を通じた検討といったものは経ずに，医師の面接指導の対象となる点です。医師の面接指導は労働者の健康管理のための制度ですから，1週間の労働時間が一定以上になれば事業者の対処が必要と考えているのです。

　80時間超に達した労働者に適切に対処するには労働時間を適正に把握していることが前提となりますから，事業者には労働者の健康管理の目的での労働時間の客観的把握義務も課せられています。

-Q- 18 フレックスタイム制導入時の注意点

これから新たにフレックスタイム制を導入する場合に注意することはありますか。

A

　清算期間が1か月を超えるフレックスタイム制を導入する場合には，いくつか注意点があります。

　まず，従前どおり就業規則に規定し，労使協定で所定の事項を定め

るだけでなく，当該労使協定を労基署に届け出る必要があります。

　また，清算期間が1か月を超える場合，月によって極端に偏った労働時間とならないための規制が設けられています。清算期間が1か月を超える場合は，「1か月ごとの労働時間が週平均50時間を超えないこと」との要件も満たす必要があります。清算期間全体の労働時間が週平均40時間を超えた部分だけでなく，清算期間を1か月ごとに区分した各期間を平均して1週間あたり50時間を超えた部分についても時間外労働となり，割増賃金を支払わなければなりません。

-Q- 19 改正対応の期限

改正にはいつから対応すればいいですか。

A

　既に1か月以内のフレックスタイム制を採用している企業では，改正により対応を迫られる点はありません。

　もし1か月を超える清算期間のフレックスタイム制を採用またはこれに変更しようということであれば，今回改正された法の規定は平成31年4月1日に施行されています。

-Q- 20 労使協定の見直しが必要な場面

今回の改正に伴って労使協定を見直す必要はありますか。

A

　まず，今回の改正を機に清算期間を1か月よりも長くしたいということであれば，労使協定の見直しが必要です。

また，完全週休2日制の場合の，曜日の巡り合わせによって1日8時間相当の労働でも清算期間における法定労働時間の枠を超え，割増賃金が発生してしまうという問題を解消することが，今回の改正により可能になりました。具体的には，完全週休2日の労働者について，労使協定で「清算期間内の所定労働日数×8時間」を労働時間の限度とするとの合意をすることで，前記の問題を解消できるようになったのです。

これらの要請があれば労使協定を見直す必要がありますが，それ以外の場合は見直しの必要はありません。

＜4＞過半数代表者の要件等

-Q- 21 過半数代表者の改正点

過半数代表者に関しては，どのような改正が行われたのでしょうか。

A

過半数代表者に関する今回の改正点は2点です。

1　1点目は，過半数代表者は"法に規定する協定等をする者を選出することを明らかにして実施される投票，挙手等の方法の手続で選出された者"であることが必要とされていましたが，改正により，「使用者の意向に基づき選出されたものでないこと」との要件が追加されました。これは，過半数代表者が使用者の意向により選出されている不適切な例が実際に見られることから，明記されたものです（労基則6の2①二）。

2　2点目は，使用者は，過半数代表者が法に規定する協定等に関する事務を円滑に遂行することができるよう必要な配慮を行わなけれ

ばならないとされました（労基則6の2④）。

　ここでいう「必要な配慮」とは，例えば，過半数代表者が労働者の意見集約等を行うに当たって必要となる事務機器や事務スペースの提供を行うことが含まれるとされています（平成30年12月28日付基発1228第15号）。同通達では，事務機器の例として，イントラネットや社内メールがあげられています。

-Q- 22 「使用者の意向によって選出された者」の例

「使用者の意向によって選出された者」というのは，例えばどのような者が考えられますか。

A

　「使用者の意向によって選出された者」とは，例えば使用者側が指名するような場合があげられます。会社から指名まではしないにしても，最初から会社推薦の候補者のみで選出手続を行ったケースでは，適正に選任された労働者代表とは言えないと判断される可能性があります。使用者の意向によるかは別として，会社の親睦団体の代表を自動的に過半数代表者とする場合や，一定の役職者を自動的に過半数代表者とする場合も，適切な取扱いとは言えないでしょう。

　なお，選出方法は，回覧やメールによる信任投票でも構いません。

Q23 使用者の意向によって選出された者でないことの立証

使用者の意向によって選出された者でないことは、どのように証明すればよいのでしょうか。

A

確かに厳密な意味で使用者の意向によって選出された者でないことを立証するのはなかなか困難ですが、実際上は、過半数代表者の選出の手続きをきちんと踏むことが証明につながっていくでしょう。例えば、各労働者の意思を汲み取れる方法で、複数の候補者の中から選出された過半数代表者であることが客観的に明らかにできるような場合には、使用者の意向によって選出された者とは言えないでしょう。これは1つの例ですが、選出手続の客観性・透明性を高めることが証明につながると考えられます。

<5> 健康情報取扱いルール

Q24 健康情報の取扱い

新たに健康情報の取扱いに関する条項が設けられたそうですが、どのような内容ですか。

A

改正により労働安全衛生法104条が新設され、労働者の心身の状態に関する情報(心身の状態の情報)の取扱いに関する事業者の義務等が定められました。主な内容は、事業者は心身の状態の情報を必要な範囲で収集し、収集の目的の範囲内で保管・使用しなければならない

と定めた点（安衛法104①）と，事業者は情報を適正に管理するために必要な措置を講じなければならないとした点です（安衛法104②）。

1．事業者の情報収集

　1点目の事業者の情報収集については，但書があり，「ただし，本人の同意がある場合その他正当な事由がある場合は，この限りではない」とされています。

　正当事由の内容とは，個人情報保護法16条3項1～4号に該当する場合，すなわち「法令に基づく場合，人の生命（1号）」，「身体又は財産の保護のために必要がある場合であって本人の同意を得ることが困難であるとき（2号）」，「公衆衛生の向上又は児童の健全な育成の推進のために特に必要がある場合であって，本人の同意を得ることが困難であるとき（3号）」，「国の機関若しくは地方公共団体又はその委託を受けた者が法令の定める事務を遂行することに対して協力する必要がある場合であって，本人の同意を得ることにより当該事務の遂行に支障を及ぼすおそれがあるとき（4号）」となります。具体例として，通達（平成30年12月28日付基発1228号16号）では，"メンタルヘルス不調により自殺企図の兆候が見られる場合"があげられています。

　これらの改正の趣旨は，次のような点にあります。事業者は，労働者の健康確保措置を実施し事業者の安全配慮義務を履行するために，労働者の心身の状態の情報を収集し利用する必要がある一方で，これらの情報はほとんどが個人情報保護法上の要配慮個人情報にあたる機微情報にあたります。そのため，これらの情報が事業者に適切に取り扱われなければ，労働者は安心して事業者に情報を伝えることができず，そのために事業者側もこれらの情報を検討することができず，結果として労働者の健康確保措置が十分に実施されないことになりかねません。そこで，各事業場における心身の状態の情報についての取扱規程を定めて，労使で共有する必要があるとされました。

2．事業者が講ずべき措置

2点目の事業者が講ずべき措置（安衛法104②）の具体的内容については，「労働者の心身の状態に関する情報の適正な取扱いのために事業者が講ずべき措置に関する指針」（以下Q24において「指針」といいます）が詳しく述べています。

「指針」は，取扱規程に定める事項として以下のようなものを例示しています。

---

① 心身の状態の情報を取り扱う目的及び取扱方法
② 心身の状態の情報の適正管理の方法
　　これについては，部署や職種ごとに，その権限及び取り扱う心身の状態の情報の範囲等を定めるのが適切であるとされています。
③ 心身の状態の情報を取り扱う目的等の通知方法及び本人同意の取得方法
④ 心身の状態の情報の適正管理の方法
⑤ 心身の状態の情報の開示，訂正等（追加及び削除を含む）及び使用停止等（消去及び第三者への提供の停止を含む）の方法
⑥ 心身の状態の情報の第三者提供の方法
⑦ 事業承継，組織変更に伴う心身の状態の情報の引継ぎに関する事項
⑧ 心身の状態の情報の取扱いに関する苦情の処理
⑨ 取扱規程の労働者への周知の方法

そして，「指針」では，取扱規程の策定方法としては，衛生委員会等を活用して労使関与の下で検討・策定し，策定した規程を作業場の見やすい場所への掲示やイントラネットへの掲載などによって労働者に周知することが推奨されています。また，企業の規模に応じた策定方法や，企業の実情に応じた企業単位での策定も可能としています。

さらに，事業者は，心身の状態の情報を適正に管理するための組織

面，技術面等での措置を講じる必要があります。また，心身の状態の情報を労働者から取得する際には，本人の同意を必要としない情報であっても，本人に周知した上で収集することが必要とされています。特に，安衛法に基づいて事業者が本人同意なく収集できる，健康診断の結果や長時間労働者・ストレスチェックで高ストレスと判定された者への面談指導の結果等については，情報の取扱目的・方法につき労働者の十分な理解を得ることが望ましいとされています。

　なお，取扱規程が適切に運用されるよう，適宜，関係者の教育や見直しも必要とされています。

　事業者は，心身の状態の情報の取扱いに労働者が同意しないことを理由として，健康確保措置および安全配慮義務の履行に必要な範囲を超えて，当該労働者に対して不利益な取扱いを行ってはならないとされています（指針2(8)）。不利益な取扱いの具体例としては，安衛法上求められる適切な手順に従わない取扱いをすることや，就業上の措置の実施にあたり医師の意見を勘案し必要と認められる範囲内となっていない不利益な取扱いや労働者の実情が考慮されていない不利益な取扱いを行うこと，解雇・雇止め・退職勧奨・不当な動機目的による配置転換や職位変更命令などを行うことなどがあげられています。

　事業者は法の定める労働者の健康確保措置を実施する義務を負い，また契約に基づく安全配慮義務を負いますから，これらの義務を履行する必要があり，そのために取った措置は仮に労働者の意向に沿わないもの，不利益なものであったとしても，事業者として行うべきものです。これらの観点からの必要がないにもかかわらず，情報の取扱いに労働者が同意しないことを理由に不利益を課してはならない，というのが「指針」の述べるところです。

3．健康情報の分類

　労働者の心身の状態の情報については，情報の性質による次の表のような分類が可能です（指針2(9)）。

心身の状態の情報の分類	左欄の分類に該当する心身の状態の情報の例	心身の状態の情報の取扱いの原則
① 労働安全衛生法令に基づき事業者が直接取り扱うこととされており，労働安全衛生法令に定める義務を履行するために，事業者が必ず取り扱わなければならない心身の状態の情報	(a) 健康診断の受診・未受診の情報 (b) 長時間労働者による面接指導の申出の有無 (c) ストレスチェックの結果，高ストレスと判定された者による面接指導の申出の有無 (d) 健康診断の事後措置について医師から聴取した意見 (e) 長時間労働者に対する面接指導の事後措置について医師から聴取した意見 (f) ストレスチェックの結果，高ストレスと判定された者に対する面接指導の事後措置について医師から聴取した意見	全ての情報をその取扱いの目的の達成に必要な範囲を踏まえて，事業者等が取り扱う必要がある。 ただし，それらに付随する健康診断の結果等の心身の状態の情報については，②の取扱いの原則に従って取り扱う必要がある。
② 労働安全衛生法令に基づき事業者が労働者本人の同意を得ずに収集することが可能であるが，事業場ごとの取扱規程により事業者等の内部における適正な取扱いを定めて運用することが適当である心身の状態の情報	(a) 健康診断の結果（法定の項目） (b) 健康診断の再検査の結果（法定の項目と同一のものに限る。） (c) 長時間労働者に対する面接指導の結果 (d) ストレスチェックの結果，高ストレスと判定された者に対する面接指導の結果	事業者等は，当該情報の取扱いの目的の達成に必要な範囲を踏まえて，取り扱うことが適切である。そのため，事業場の状況に応じて， ・情報を取り扱う者を制限する ・情報を加工する 等，事業者等の内部における適切な取扱いを取扱規程に定め，また，当該取扱いの目的及び方法等について労働者が十分に認識できるよう，丁寧な説明を行う等の当該取扱いに対する労働者の納得性を高める措置を講じた上で，取扱規程を運用する必要がある。
③ 労働安全衛生法令において事業者が直接取り扱うことについて規定されていないため，あらかじめ労働者本人の同意を得ることが必要であり，事業場ごとの取扱規程により事業者等の内部におけ	(a) 健康診断の結果（法定外項目） (b) 保健指導の結果 (c) 健康診断の再検査の結果（法定の項目と同一のものを除く。） (d) 健康診断の精密検査の結果	個人情報の保護に関する法律に基づく適切な取扱いを確保するため，事業場ごとの取扱規程に則った対応を講じる必要がある。

| る適正な取扱いを定めて運用することが必要である心身の状態の情報 | (e) 健康相談の結果
(f) がん検診の結果
(g) 職場復帰のための面接指導の結果
(h) 治療と仕事の両立支援等のための医師の意見書
(i) 通院状況等疾病管理のための情報 |

※ ②の心身の状態の情報について，労働安全衛生法令に基づき行われた健康診断の結果のうち，特定健康診査及び特定保健指導の実施に関する基準（平成19年厚生労働省令第157号）第2条各号に掲げる項目については，高齢者の医療の確保に関する法律（昭和57年法律第80号）第27条第3項の規定により，事業者は保険者の求めに応じて健康診断の結果を提供しなければならないこととされているため，労働者本人の同意を得ずに事業者から保険者に提供できる。

③の心身の状態の情報について，「あらかじめ労働者本人の同意を得ることが必要」としているが，個人情報の保護に関する法律第17条第2項各号に該当する場合は，あらかじめ労働者本人の同意は不要である。また，労働者本人が自発的に事業者に提出した心身の状態の情報については，「あらかじめ労働者本人の同意」を得たものと解されるが，当該情報について事業者等が医療機関等に直接問い合わせる場合には，別途，労働者本人の同意を得る必要がある。

4．健康情報の適正管理

労働者の心身の状態の情報の適正管理のために，事業者は，個人情報保護法にも配慮する必要があります。すなわち，同法に規定されている次のような点も考慮しながら情報を取り扱う必要があります。

・心身の状態の情報を必要な範囲で正確・最新に保つための措置
・心身の状態の情報の漏えい，滅失，改ざん等の防止のための措置
・保管の必要がなくなった心身の状態の情報の適切な消去等

＜6＞高度プロフェッショナル制度

-Q- 25 高プロ制度適用の影響

高度プロフェッショナル制度が適用されると，労働時間，休憩，休日，深夜割増などについてはどのような扱いになりますか。

A

　高度プロフェッショナル制度は，専門的知識を要し業務に従事した時間数と成果の関連性が高くない業務について，本人の自律的な働き方を認め，労働時間数ではなく成果で評価する働き方を可能とする目的で，今回の改正により新たに設けられました。

　同制度が適用される労働者については，労基法が定める労働時間，休憩，休日および深夜の割増賃金に関する適用が除外されます（労基法41の2①）。すなわち，使用者は，適用対象者に対して，一般の労働者のような，休憩や法定休日付与の必要はなく，週40時間超や休日・深夜の労働に対する割増賃金の支払の義務もありません。適用対象者が深夜や休日などに仕事をしても割増賃金が払われることはなく，本人が仕事をする時間帯や休日・休憩を取るかどうか，いつ取るかを含め柔軟に働き方を決められます。また，適用対象者については，何時間仕事をしたかではなく，出した成果で評価し賃金に反映させることが可能となります。

　高度プロフェッショナル制度は前述のような制度ですから，使用者には割増賃金を支払うための労働時間管理の必要はなくなります。しかし，働き方を完全に適用対象者本人に任せきりとしてしまうと，長時間労働に陥り健康を害する危険もあります。そこで，適用対象者の健康を確保するために，使用者には適用対象者についての健康管理時間を把握し，一定日数の休日を与え，健康確保措置を取る義務などが課されています。また，事業者は，安衛法により，健康管理時間が一定時間を超えた労働者について，医師の面談指導を受けさせる義務も負っています（安衛法66の8の4①，詳細はQ40参照）。

-Q- 26 高プロ制度の適用除外規定

この制度の対象者には時間外労働は発生しないと考えてよいのでしょうか。

A

高度プロフェッショナル制度が適用される労働者には，労基法が定める労働時間，休憩，休日および深夜の割増賃金に関する規定の適用が除外されます（労基法41の2①）。

専門的知識を要し，業務に従事した時間数と成果の関連性が高くないような業務については，本人の自律的で柔軟な働き方を認め，労働時間数ではなく成果で評価する働き方を認めようとの考えからです。

したがって，同制度が適用された労働者は，たとえ平日遅くまで仕事をしても，休日に仕事をしても，割増賃金は発生しません。他方で仕事をする時間が一般労働者より短かったとしても，そのことだけで賃金が減ることはありません。仕事をした時間の長短ではなく，あげた成果の大小で評価されるのです。

使用者にとっては，成果を出した労働者を評価して賃金により反映させやすくなります。

-Q- 27 高プロ制度の導入手続と対象業務

高度プロフェッショナル制度を導入する場合の手続きはどうなりますか。

A

1．労使委員会の決議

まず，労使委員会を設置し，労使委員会において，対象業務，対象

労働者，健康確保措置など下記の事項につき5分の4以上の多数により決議し，かつ労基署に届け出る必要があります（労基法41の2①本文）。

労使委員会は，過半数労働組合（過半数労働組合がない場合は過半数代表者）から委員の半数を指名され，当議事録が作成保存され労働者にも周知されているなどの要件を満たす必要があります。例えば，適正に選出されていない過半数代表者が委員を指名したような場合は，労使委員会の決議が無効になり，高度プロフェッショナル制度の効果が認められなくなってしまうので，注意が必要です。

労使委員会の設置や運営規程等については，高プロ指針が言及しています。

労使委員会で決議すべき事項は次のとおりです（高度プロフェッショナル制度を導入しようとする事業場ごとに決議する必要があります（高プロ通達））。

---

① 対象業務の種類及びその分類

② 対象労働者の範囲

③ 対象労働者の健康管理時間の把握及びその把握方法

④ 対象労働者に年間104日以上，かつ4週4日以上の休日を与えること

⑤ 対象労働者の健康確保のための選択的措置の種類及びその具体的内容（4つの選択的措置の中から選択）

⑥ 対象労働者の健康確保のための措置の種類及びその具体的内容（選択）

⑦ 対象労働者の同意の撤回に関する手続

⑧ 対象労働者の苦情処理について講ずる措置

⑨ 同意をしなかった労働者に不利益な取扱いをしてはならないこと

⑩ その他厚労省令で定める事項（決議の有効期間，委員会の開催頻度及び開催時期，記録の保存等）

2．対象業務の種類およびその分類

　対象業務は，高度の専門的知識等を必要とし，その性質上従事した時間と従事して得た成果との関連性が通常高くないと認められる業務である必要があります（労基法41の2①一）。対象業務に付随して情報や資料の収集・整理・加工等を行う場合，それらも含めて全て対象業務となります（高プロ通達）。

　ただし，業務に従事する時間に関し使用者から具体的な指示を受けて行うような業務は，対象業務とは認められません（労基則34の2③）。高度プロフェッショナル制度の趣旨に照らし，対象業務について，働く時間帯の選択や時間配分について自ら決定できる広範な裁量が労働者に認められている必要があると考えられるからです。例えば，出勤時間の指定，特定日時の会議への出席の一方的義務づけ，作業工程や作業手順の日々のスケジュールの指示などを行った場合，実質的に時間に関する指示があったとして労基署の指導を受ける可能性があります。もっとも，対象業務に関する具体的指示をするのではなく，対象業務開始時に当該業務の目的・目標・期限等について基本的指示をすることや，途中経過について報告を求め変更を指示することは，可能です（「高度プロフェッショナル制度わかりやすい解説」（平成31年4月厚生労働省）8頁）。

　省令（労基則34の2③各号）であげられた対象業務の分類は次のとおりで，限定列挙とされています。

---

① 　金融商品の開発業務

② 　金融商品のディーリング業務

③ 　アナリストの業務（企業・市場等の高度な分析業務）

④ 　コンサルタントの業務（事業・業務の企画運営に関する高度な考案又は助言の業務）

⑤ 　新たな技術，商品又は役務の研究開発の業務

当該事業場の労使委員会において，これらの省令で限定列挙された中から，対象労働者に従事させる業務と各号のいずれの分類に該当するかを定めて決議する必要があります。

3．対象労働者の同意

制度導入のためには，(1)の労使委員会決議に加えて，高度プロフェッショナル制度を適用する対象労働者から書面等による同意を得る必要があります（労基法41の2①，Q31参照）。

-Q- 28 高プロ制度の対象となる労働者

どのような労働者が高度プロフェッショナル制度の対象になりますか。

A

対象となる労働者は次の2つの要件いずれにも該当する必要があり（労基法41の2①ニイおよびロ），要件を満たすことを前提とした「対象労働者の範囲」を労使委員会で決議することになります。社内のそれぞれの事業場の実態や対象業務の性質に応じて，対象労働者の範囲を変えることも可能です。

1つ目の要件(イ)は，本制度の対象労働者と事業主で合意をして，職務を明確に定めておく必要があります。具体的な合意事項は①業務の内容，②責任の程度，③求められる成果その他職務遂行に当たり求められる水準の3点で，書面でこれらの点につき明らかにした上で当該書面に労働者が署名することになります（「高度プロフェッショナル制度わかりやすい解説」10頁）。働き方の裁量を奪うような成果や業務量を求める場合は，職務を明確に定めたとは評価されません。

対象労働者は，①の業務に常態として従事している必要があり，対

象業務以外の業務にも状態として従事している場合は対象労働者となりません。また，高プロ指針は，③の求められる水準は客観的なものであることが望ましいとしています。

なお，ここでの同意とは別に，本制度を適用することについての対象労働者の同意も必要です（Q31参照）。合意の書面と同意の書面は，それぞれが明らかとなっていれば，一つの書面にまとめて構いません（高プロ通達）。

2つ目の要件(ロ)は，対象労働者の年収が1,075万円以上あることです（平成31年3月25日基発0325第1号）。

ここでの年収は，あらかじめ具体的な額をもって支払われることが約束されており，支払が確実に見込まれる賃金である必要があります。したがって，会社業績または個人の評価が良かったため業績給や賞与が高くなり結果的に年収が1,075万円を超えたという場合は，この要件を満たしたことにはなりません。もっとも，賞与などに最低保障額がある場合に最低保障額を1,075万円に含めて算定することは可能です。

Q 29 管理監督者との違い

管理監督者の位置づけと似ているように思うのですが，違いを教えてください。

A

管理監督者（労基法41一）と高度プロフェッショナル制度適用者（労基法41の2）は，労働時間，休憩および休日に関する労基法の規定が適用されない点，自らの労働時間に裁量を有しており，ある程度高い処遇が伴う点などで，似ていると言えます。

しかし，管理監督者は経営者と一体的立場にある者を念頭において

いるのに対し，高度プロフェッショナル制度は高度の専門的知識等を必要とし労働時間と成果の関連性が強くない業務に着目している点で，両者は趣旨を異にします。

法規制という面では，管理監督者については深夜業の規制は適用除外の対象とならないのに対し，高度プロフェッショナル制度適用者については深夜業の規制も適用されません。これは高度プロフェッショナル制度が自律的な働き方を認める制度であることから，深夜業に関する規制もなじまないとされたものです。

また，高度プロフェッショナル制度については，導入について労使委員会の決議や対象労働者の同意など詳細な手続が定められており，労働時間等の規制が適用されない適用対象者の健康確保のための措置が多数定められている点も，特段の導入手続や健康確保措置のない管理監督者と大きく異なる点です。高度プロフェッショナル制度について，曖昧・不適切な実施を許さずかつ労働者の健康確保を図る趣旨で，法は様々な仕組みを用意したといえるでしょう。

-Q- 30 高プロ制度を導入しない場合

この制度を導入しない場合は関係ないという解釈でよいでしょうか。

A

高度プロフェッショナル制度を導入しない場合は，仮に同制度の対象となりうる業務で年収も1,075万円以上であったとしても，通常の労働者と同様に労働時間，休憩，休日及び深夜の割増賃金に関する労基法の規定が適用されます。

すなわち，高度プロフェッショナル制度は何ら関係ないということになります。もっとも，労働者の自律的な働き方を認めることや，時

間でなく成果で評価していくことは，日本の雇用環境における大きな傾向ですので，高度プロフェッショナル制度が導入されていない職場でも影響を受けていくことが予想されます。

Q 31 対象労働者の同意

対象者の同意が必要と聞きましたが，どのような形で同意をとればよいのでしょうか。

A

　高度プロフェッショナル制度の対象労働者からは，①労基法第4章の労働時間，休憩，休日及び深夜割増に関する規定が適用されないこととなる旨，②同意の対象期間，③同期間中支払われると見込まれる賃金額を書面で明らかにしたうえで，当該書面に労働者が署名をもらい，当該書面の交付を受ける方法で同意を取る必要があります（労基則34の2②一～三）。ただし，当該対象労働者が希望した場合は，労働者から署名した書面をメールに添付して送ってもらう方法も可能です。さらに，高プロ指針（第2.2）が同意を得る際に書面で明示する必要があるとしているのは，ア高度プロフェッショナル制度の概要，イ当該事業場における決議の内容，ウ同意した場合に適用される評価制度及びこれに対応する賃金制度，エ同意しなかった場合の配置及び同意しなかったことに対する不利益取扱は許されないこと，オ同意を撤回できること及び同意撤回に対する不利益取扱は許されないこと，の5つの事項です。

　同意は，短期雇用契約者を除き，長くとも1年ごとに確認し更新する必要があります。使用者側から一方的に解除することはできないとされているので，使用者としては，最初に自律的な働き方が適した労働者かどうかを見極めて同制度を適用する必要があります。

②については，あまりに短い制度適用期間では自律的な働き方を保障したことにならないため，1か月未満の期間設定は適当ではありません。

③に関連して，制度の対象となることによって賃金が減らないようにすることが必要と高プロ指針（第2.5）は述べています。高度プロフェッショナル制度を割増賃金の支払を潜脱する目的で適用することは許されませんが，単純に適用前後を比較して減ってはならないと考えるとすると疑問の余地があります。

Q32 同意の徹回とその対応

一度同意した労働者が，対象から外してほしいと言ってきた場合，割増賃金の算定の時期等はどのように考えればよいでしょうか。

A

高度プロフェッショナル制度の適用にいったん同意した労働者も，同意の撤回が可能です。

同意の撤回の手続については，導入時の労使委員会の決議の中で定めておく必要があります（労基法41の2①七）。具体的に定めておく事項は，同意撤回の申出先となる部署および担当者（個人名をあげる必要はなく，職名で足ります。），撤回の申出方法などの手続，撤回した者に対する不利益取扱いの禁止などです（高プロ指針第3.7(1)）。同意を撤回した場合の配置や処遇，それらの決定方法についても，あらかじめ定めておくことが望ましいとされています（高プロ指針第3.7(2)）。

撤回を申し出た適用対象者については，申出の時点から高度プロフェッショナル制度の効果は生じないことになります。したがって，割増賃金も撤回の申出をした時点から算定して支払をすることになります。

-Q- 33 健康管理時間の把握と健康確保措置

この制度における健康確保措置とはどのようなものでしょうか。

A

　高度プロフェッショナル制度適用対象者に関する健康確保措置には，次にあげる5つがあります。中でも(1)～(3)の措置を講じていないとされた場合には，高度プロフェッショナル制度に認められた割増賃金規制の適用除外の効果が生じませんから，適切な実施に留意する必要があります。

(1)　まずは各適用対象者の状況を把握するとの観点から，使用者は健康管理時間を把握する措置を講じなければならないとされています（労基法41の2①三）。

　"健康管理時間" とは，高度プロフェッショナル制度の創設に伴い新たに導入された概念で，対象労働者が事業場内にいた時間と事業場外において労働した時間の合計時間数を意味します。事業場内にいた時間は原則として労働しているかを問わずカウントされる点で，健康管理時間は，労働者の健康管理の観点から捉えた，従来の労働時間とは全く異なる概念です。ただし，労使委員会の決議により，事業場内にいた時間から労働時間以外の時間を除くことが可能となります。ここで除外できる時間は，予め具体的な内容・性質を決めておき実際に該当すると把握された時間であり，一律に一定時間数や手待ち時間を除くようなことは認められません。

　使用者は，健康管理時間を把握した上で，次の(2)～(5)にあげるような措置を講じる必要があります。健康管理時間を把握する方法については，指針の中で，原則として，タイムカードやパソコン記録等の客観的方法である必要があると具体例をあげて示されています。

(2) 使用者には，高度プロフェッショナル制度適用対象者に年間104日以上，かつ，4週4日以上の休日を確保する措置を義務づけられています（労基法41の2①四）。

適用対象者には一般労働者のような休日労働や休日割増に関する法規制は適用されませんが（労基法41の2①），健康確保の観点から一定の休日を与える必要があるとされたのです。

労使委員会の決議で，年間104日以上かつ4週間を通じて4日以上の休日を与えることに加えて，休日取得の手続きも決議する必要があります（高プロ指針第3.4(1)イ）。適用対象者のいずれかについて求められた日数の休日を付与できなかった場合には，付与できないと確定した時点で必要な措置を実施していないと評価され，高度プロフェッショナル制度は適用されなくなります（高プロ指針第3.4(1)ロ）。

(3) 使用者は次の4つのうちのいずれか1つの措置を講じる義務があり，どの措置を講ずるかを労使委員会で決議しておく必要があります（労基法41の2①五イ〜ニ，労基則34の2⑨〜⑬）。対象労働者ごとに別々の措置を講じることも可能です（高プロ通達）。高プロ指針では，いずれの措置を講ずるかにつき対象労働者の意見を聴くこと，また複数の対象業務が存在する場合は対象業務の性質等に応じて措置を決めること，が望ましいとしています。

---

① インターバル規制（始業から24時間を経過するまでに11時間以上の継続した休息時間を確保）を守り，かつ深夜労働を月4回以内とする。

② 1週間の健康管理時間が40時間を超えた時間を，1か月につき100時間又は3か月について240時間を超えない範囲内とする。

③ 1年に1回以上の連続2週間の休日を付与する。

＊年次有給休暇を取得した日については，2週間に含めることができます（高プロ通達）。なお，労働者が請求した場合は，1年に2回以上の連続1週間の休日を付与する必要があります。

④ 対象労働者について，健康管理時間が週40時間を超えた時間数が月80時間を超えた場合，又は本人から申出があった場合，健康診断を実施する。

＊なお，健診項目は法定されており，労働者に確実に受けさせるようにする必要があります。

(4) 前述の(3)に加えて，労規則34条の2第14項に規定された措置から健康確保措置を選択して労使委員会で決議する必要があります（労基法41の2①六）。

① 労基法41条の2第1項5号で選択した措置以外の選択的措置
② 代償休日又は特別な休暇の付与
③ 心とからだの健康問題についての相談窓口の設置
④ 配置転換
⑤ 産業医の助言指導又は保健指導
⑥ 医師による面接指導

(5) その他，安衛法に，高度プロフェッショナル制度適用対象者についての産業医による面接指導の規定が設けられています。事業者は，健康管理時間が週40時間を超えた時間の合計が月100時間を超えた場合，労働者の申出なしに，医師の面接指導を行わなければなりません（安衛法66の8の4①，詳細はQ40参照）。

＜7＞産業医の機能強化

-Q- 34 独立性・中立性の強化

今回の改正で産業医と企業の関係が変わるのでしょうか。

A

　今回の産業医等に関する改正は，産業保健機能の強化を図るととも
に，産業医の独立性や中立性を高めることで，産業医等が専門的立場
から労働者の健康確保のために効果的な活動を行いやすい環境を整備
する目的で行われました。

　主な変更点は，産業医の職務に一定の面接指導やその結果に基づく
措置を追加，事業者から産業医への健康管理に必要な情報提供義務，
産業医の行った勧告についての事業者の衛生委員会への報告義務など
です（詳細は Q35参照）。

Q 35 産業医の権限と義務

具体的にどのような権限もしくは義務が発生するので
しょうか。

A

1. 産業医について新たに定められた権限と義務

　① 産業医は，必要な医学的知識に基づいて誠実にその職務を行わ
　　なければならない（安衛法13③），必要な医学的知識や能力の維持
　　向上に努めなければならない，との条項が新設されました（安衛
　　則14⑦）。

　② 産業医が産業医としての職務を効果的に実施するためには，相
　　応の権限が与えられていなければなりません。そのような趣旨か
　　ら，事業者は産業医に職務をなし得る権限を与えなければならず，
　　その中には㋐事業者又は総括安全衛生管理者に対して意見を述べ
　　る権限，㋑産業医の職務を実施するために必要な情報を労働者か
　　ら収集する権限，㋒労働者の健康確保のために緊急の必要のある

場合に労働者に対して必要な措置をとるよう指示する権限，が含まれます（安衛則14の4①②）。

③ 産業医の職務が効果的に実施されるための制度として，産業医は，安全衛生委員会等に対して，労働者の健康確保の観点から必要な調査審議を求めることができるとされました（安衛則23⑤）。

④ 産業医が法13条第5項の勧告をしようとするときは，あらかじめ当該勧告内容につき事業者の意見を求める必要があります（安衛則14の3①）。

⑤ 長時間労働是正の観点から産業医の職務につき追加及び拡大されたものとしては，労働時間が一定時間を超える労働者に対する面接指導をする義務が定められました（安衛則66の8の2①，面接指導が必要な労働者についてはQ40参照）。

2．事業者の義務

① 事業者は，産業医に対して，労働者の労働時間に関する情報その他の産業医が労働者の健康管理等を適切に行うために必要な情報を提供しなければなりません（安衛法13④）。産業医等が専門的立場から労働者の健康確保のために効果的な活動を行えるようにする趣旨です（提供すべき情報についてはQ36参照）。

② 事業者は，産業医が労働者の健康管理等について必要な勧告をした場合，当該勧告を尊重しなければならず（安衛法13⑤），また当該勧告の内容等を衛生委員会等に報告しなければなりません（安衛法13⑥）。委員会への報告事項は，当該勧告の内容と当該勧告と踏まえて講じたまたは講じようとする措置の内容で，勧告後遅滞なく報告する必要があります（安衛則14の3③④）。

③ 事業者は，上述の勧告の内容等を記録し，3年間保存しなければなりません（安衛則14の3②）。記録保存義務との関係では，事業者は，衛生委員会または安全衛生委員会開催の都度，委員会の

意見および当該意見を踏まえて講じた措置の内容，その他議事で重要なものについても，記録し3年間保存しなければなりません（安衛則23④）

④　事業者は，産業医等による労働者の健康管理等の適切な実施を図るため，産業医等が労働者からの健康相談に応じ，適切に対応するために必要な体制の整備その他の必要な措置を講ずるように努めなければなりません（安衛法13の3，事業者が講ずるように努めなければならない措置の具体的内容については Q38参照）。

⑤　事業者は，産業医に，労働時間が一定時間を超える労働者に対する面接指導およびその結果に基づく労働者の健康を保持するための措置を行わせなければなりません（安衛則14①二，面接指導が必要な労働者については Q40参照）。

⑥　事業者には，産業医の業務内容等を労働者に周知する義務（安衛法101②），労働者の心身の状態に関する情報の取扱いについて必要な措置を講じる等の義務（安衛法104）も課せられています（情報取扱いに関する措置については Q24参照）。

Q 36　産業医に提供する情報

事業者が産業医に提供しなければならない情報とは，どのようなものでしょうか。

A

改正により，事業者は，産業医に対し労働者の時間管理に関する情報その他の産業医が労働者の健康管理等を適切に行うために必要な情報を提供しなければならないとされました（安衛法13④）。

事業者が産業医に提供すべき情報は，下記のとおりです（安衛則14の2①②）。

① 既に講じた健康診断実施後の措置，長時間労働者に対する面接指導
実施後の措置若しくはストレスチェックに基づく面接指導後既に講
じた措置，又は講じようとするこれらの措置の内容に関する情報
　＊なお，措置を講じない場合はその旨およびその理由を情報提供す
　　ることになります。
② 時間外・休日労働時間が１月あたり80時間を超えた労働者の氏名
及び当該労働者の超過時間に関する情報
　＊該当者がいない場合には，該当者がいないとの情報を産業医に伝
　　える必要があります（平成30年12月28日付基発1228第16号）。
③ ①②に掲げたもののほか，労働者の業務に関する情報であって産
業医が労働者の健康管理等を適切に行うために必要と認めるもの
　＊この中には，労働者の作業環境，労働時間，作業態様，作業負荷
　　の状況，深夜業等の回数・時間数などのうち産業医が労働者の健
　　康管理等を適切に行うために必要と認めるものが含まれます（平
　　成30年12月28日付基発1228第16号）。健康管理との関連性が不明
　　な情報を産業医から求められた場合には，産業医に説明を求めて
　　個別に確認するのが望ましいとされています。

　情報提供の時期については，①は遅滞なく，②と③は速やかにとさ
れています。“速やかに”は一般的には「できるだけはやく」を意味
するところ，情報提供時期との関係では，行政が「おおむね２週間以
内」との具体的な目安を示しています。“遅滞なく”は“速やかに”よ
り迅速性の要請は弱いとされています。
　情報提供の方法については，事業者は，前記①～③の情報区分に応
じて提供するよう努めなければならず，事前に事業者と産業医とで提
供方法を決め，書面により行うのが望ましいとされています。もっと
も，磁気テープや磁気ディスク媒体での提供，電子メールでの提供で

2 企業の実務への影響 55

も構いません（平成30年12月28日付基発1228第16号）。

また，提供した情報も記録保存しておくことが望ましいとされています（平成30年12月28日付基発1228第16号）。

労働者の情報提供拒否

労働者が自分の心身の状態に関する情報の提供を拒む場合はどうなりますか。

A

　事業者は，安衛法や安衛則等による措置を実施するために必要な範囲で労働者の心身の情報を収集し，収集目的の範囲内で保管・使用することが可能です（安衛法104①本文）。これを超えて同種の情報を収集・保管・使用することができるのは，本人の同意がある場合か，正当な事由がある場合となります（安衛法104①但書）。

　設問のように労働者本人が情報提供を拒んだとしても，事業者は安衛法等による措置を実施するために必要な範囲で，当該労働者の心身に関する情報を収集することが可能です。

　また，安衛法等による措置を実施するために必要な範囲とはいえない場合でも，正当な事由がある場合には，事業者は当該労働者の心身に関する情報を収集することができます。ここでの正当な事由には，個人情報保護法16条3項各号の「正当な事由」が含まれるとされています（平成30年12月28日付基発1228第16号）。個人情報保護法16条3項は，1号で「法令に基づく場合」，2号で「人の生命，身体又は財産の保護のために必要がある場合であって，本人の同意を得ることが困難であるとき」，3号で「公衆衛生の向上又は児童の健全な育成の推進のために特に必要がある場合であって，本人の同意を得ることが困難であるとき」，4号で「国の機関若しくは地方公共団体又はその委

託を受けた者が法令の定める事務を遂行することに対して協力する必要がある場合あって，本人の同意を得ることにより当該事務の遂行に支障を及ぼすおそれがあるとき」，と定めています。具体例としては，メンタルヘルス不調に陥り自殺の兆候が見られる場合で本人の生命・身体を保護するために必要だが本人の同意が得られないような場合が考えられます。

-Q- 38 産業医への相談体制の整備

労働者が産業医に直接相談できる環境を整備することが努力義務とされるそうですが，具体的にどのようなことを行えばいいのでしょうか。

A

今回の改正により，事業者は，産業医等が労働者からの健康相談に応じ適切に対応するために必要な体制の整備その他の必要な措置を講ずるように努めなければならないとの規定が新設されました（安衛法13の3）。

通達（平成30年12月28日付基発1228第16号）は，労働者が産業医等による健康相談を安心して受けられる体制を整備することも同努力義務に含まれるとし，その具体的内容として，産業医による健康相談の申出方法（相談日時・場所を含む），産業医の業務の具体的内容，事業場における労働者の心身の状態に関する情報の取扱方法について，労働者に周知させる必要があるとしています。

周知の方法は，作業場での掲示，労働者への書面通知，イントラネットに掲載し労働者がアクセスできるようにするなどの方法が可能です。また，保健指導，面接指導や健康相談等は，プライバシーを確保できる場所で実施すべきです。

Q39 相談費用の負担

産業医等への相談の費用負担はどうなりますか。

A

　労働者が産業医等へ健康相談をした場合，事業者は，"産業医等が労働者からの健康相談に応じ適切に対応するために必要な体制の整備その他の必要な措置を講ずるように努めなければならない"という安衛法上の事業者の努力義務を果たしたことになります（安衛法13の3）。

　この場合の産業医の健康相談に関する費用を事業者が労働者に負担をさせることができるかについては，明示的なものはありませんが，厚労省の出しているパンフレットが参考となります。時間外労働等が月80時間に達しないものの健康配慮が必要な労働者に関する面接指導は事業者の努力義務とされていますが（安衛法66の9），努力義務にとどまる面接指導についても，その面接費用は事業者が負担する必要があるとしています（厚労省パンフレット『「産業医・産業保健機能」と「長時間労働者に対する面接指導等」が強化されます』）。

　同じく事業者の努力義務にとどまる産業医等への健康相談についても，相談に関する費用を労働者に負担させるのは適当ではないと考えられます。

<8>長時間労働者への面接指導

Q40 面接指導の対象者

長時間労働者として面接指導の対象となるのはどんな労働者ですか。

A

　事業者に義務化されている面接指導の対象者は，次の①～③の労働者です。

　また，次の①～③に該当しない労働者でも，健康配慮が必要な労働者については，面接指導の実施またはこれに準ずる措置を講ずる努力義務が課されていることに注意が必要です（安衛法66の9，安衛則52の8①）。

①　今回の改正で，面接指導の対象となる労働者が，1か月の時間外労働100時間超から80時間超に見直されました（安衛則52の2①）。1か月の時間外労働（時間外労働の時間数と休日労働時間数の合計時間数であることに注意が必要です。）が月80時間を超え，疲労の蓄積が認められる労働者につき，労働者の申出により医師の面接指導を実施することになります（安衛則52の2①）。

　　労働者からの面接指導の申出を促すために，事業者は，時間外労働が80時間を超えた労働者に対して，当該超えた時間に関する情報を通知しなければなりません（安衛則52の2③）。

　　通知する情報は，具体的には，時間外・休日労働時間数を意味しますが，あわせて面接指導の実施方法や時期等の案内も行うことが望ましいでしょう。通知は，時間外労働が80時間を超えた後，速やかに，すなわちおおむね2週間以内に行う必要があり，書面や電子メールで行うほかに給与明細に記載する方法も考えられます。

　　上述の面接指導や情報通知の対象となるのは，後述の"②新技術等研究開発業務に従事する労働者"と"③高度プロフェッショナル対象労働者"を除く全労働者で，裁量労働制が適用される労働者や管理監督者も含まれることに注意が必要です。

　　1か月の時間外労働が80時間を超えたかどうかは，1週間40時

間の法定労働時間を超える時間外労働の時間数を基準に判断されます。

② 新技術等研究開発業務に従事する労働者には，時間外労働の上限規制が適用されません（労基法36⑪，Q8参照）。

　そのような中，新技術研究開発業務に従事する労働者の健康管理を適切に行うために，法は，1か月の時間外労働が100時間を超えた労働者に対して，当該労働者の申出なしに医師による面接指導を行うことを事業者に義務づけました（安衛法66の8の2①，安衛則52の7の2①）。①と異なり労働者の申出を待たずに，面談指導を実施する必要があります。そこで，100時間を超えたため面接指導の対象となった労働者に対しては，労働時間に関する情報を通知し，面接指導の案内も通知することになります。

　なお，時間外労働が100時間を超えない場合でも，80時間を超えた場合には①の対象となります。

③ 高度プロフェッショナル制度対象労働者については，健康管理時間が月100時間を超えた場合，労働者の申出なしに，医師の面接指導を行うことが事業者に義務付けられました（安衛法66の8の4①）。

　「健康管理時間」は対象労働者が事業場にいた時間と事業場外において労働した時間との合計時間とされており，事業者は健康管理時間を把握するための措置を講じなければなりません（労基法41の2①三）。高度プロフェッショナル制度適用対象労働者の自律的で創造的な働き方に合わせた労働時間数の把握方法が定められているのです。

　月100時間を超えない労働者については，労働者から申出があった場合の面接指導が事業者の努力義務とされています。

　面接指導の手続は一般の長時間労働者の面接指導とほぼ同様で，面接指導の実効性を高めるために，事業者は，産業医に情報

提供をする必要があります。

-Q- 41 面接後の対応

面接実施後にどのような事後措置が必要でしょうか？

A

　残業時間が月80時間を超え，疲労の蓄積が認められる労働者に対する面接指導の事後措置は，従前と変わりません。

　新技術等研究開発業務に従事する労働者に関する時間外労働が月100時間を超えた場合の面接指導についても，80時間超の労働者に対する事後措置とほぼ同様の措置が定められました。具体的には，事業者は，面談指導の結果を記録保存し，面談指導の結果に基づく必要な措置について医師の意見を聴く必要があります。そして，必要があるときは，就業場所の変更，職務内容の変更，有給休暇（年次有給休暇以外の休暇を意味します）の付与，労働時間の短縮，深夜業の回数の減少等の措置を講じなければなりません（安衛法66の8の2②）。

-Q- 42 労働時間の把握方法

労働時間の把握はどのように行うのでしょうか？

A

　今回の改正により，労働安全衛生法の中に事業者の労働時間の把握義務が定められました（安衛法66の8の3）。

　この規定の趣旨は，長時間労働による健康被害を防ぐために，まず事業者が正確な労働時間を把握し，その後必要に応じて医師の面接指導などにつなげようとするものです。したがって，割増賃金との関係

では必ずしも労働時間の把握が必要ではない管理監督者や裁量労働制の適用される労働者についても，労働時間の把握義務が課されています。研究開発業務に携わる労働者やみなし労働時間制の適用される労働者，派遣労働者等も含まれる一方，高度プロフェッショナル制度の適用される労働者には適用されません。高度プロフェッショナル制度は自律的で創造的な働き方を認める制度で，一般の労働者のような労働時間把握は趣旨に沿わないためです（ただし，健康管理時間の把握は必要です）。

　労働時間把握の方法については，タイムカード，パソコンのログインからログアウトまでの時間の記録，事業者の現認等の客観的な方法で把握しなければなりません（安衛則52の7の3①）。上述のタイムカード等による把握が難しい場合に限り，「その他適切な方法」として，次のような措置を全て講じた場合のみ労働者の自己申告による把握が可能です。①対象となる労働者及び労働時間管理者に適正に自己申告を行うことなどについて十分な説明を行い，②必要に応じて実態調査を実施して補正し，③事業場内滞在時間と労働時間に齟齬がある場合等に労働者に理由を報告させる場合は報告が適正か確認し，④事業者が適正な申告を阻害する措置を講じていないことが必要です。もし時間外労働時間削減のための社内通達や残業代の定額払が適正な申告を阻害しているような場合には，改善が必要です。

　なお，自己申告による場合，翌日までに自己申告させるのが適当ですが，宿泊を伴う出張などで困難な場合には後日一括申告でも構いません。ただし，事業者は最低月1回時間外労働の時間数を把握する必要があることとの関係で，出張途中に自己申告を求める必要がある場合もありえます。

　事業者はこれらの方法で把握した労働時間の記録を作成し，3年間保存する必要があります（安衛則52の7の3②）。

-Q- 43 労働者の受診拒否

面接指導の対象となった労働者が受診やその後の事後措置を拒否する場合はどうすればいいのでしょうか?

A

　事業者は面接指導を受けさせ，必要に応じて事後措置を実施する義務を負い（安衛法66の8，66の8の2①，66の8の4①），これを怠った場合には罰則があります（安衛法120①一）。しかし，事業者が適切な方法で面接指導の受診や必要な事後措置の実施を案内したにもかかわらず，従業員がこれを拒む場合には，事業者は強制的に実施することもできない中で罰則を科されることはありません。

　事業者の具体的な対応方法としては，適切な方法で面接指導の受診や事後措置の実施につき繰り返し促し，それでも従業員が受診等を拒む場合には受診等の業務命令を出す，といった対応が考えられます。業務命令を出してもなお従業員が受診等を拒む場合には，具体的状況によっては懲戒処分を課すことも検討されます。

<9>労働条件の明示

-Q- 44 労働条件の明示

書面以外の，FAXやメールで労働条件を明示する場合に注意することはありますか?

A

　従前の労働条件明示の方法は書面の交付に限られていましたが，改正により，労働者が希望した場合には，ファクシミリ送信や電子メー

ル等の送信でも労働条件を明示できることになりました。

注意すべき点がいくつかあります。

まず，書面交付以外の方法が認められるのは労働者が希望した場合に限られますが（労基則5④柱書），労働者の希望は口頭で伝えられたものでも構いません。ただ，紛争防止の観点から個別に明示的な確認をしておくことが望ましいとされています。

次に明示方法ですが，「電子メール」（労基則5④二）には，パソコンや携帯電話端末から送るEメール，Yahoo! メールやGmailなどのウェブメール，携帯電話同士で文字メッセージを送信できるサービスであるリッチ・コミュニケーション・サービス（RCS）や携帯電話同士で短いメッセージを電話番号宛に送信できるショートメッセージ（SMS）などが，全て含まれます。しかし，RCSやSMSはファイル添付や文字数に制約があるため例外的なものとされていますので，他の方法を先に検討すべきです。「その他その受信をする者を特定して情報を伝達するために用いられる電気通信」（労基則5④二）には，LINEやFacebook等のSNS（ソーシャルネットワークサービス）が該当します。しかし，労働者が開設しているブログやホームページへの書き込み，SNSのマイページへのコメントの書き込みなどは，「受信する者を特定して」伝達すると言えないので認められません。

さらに，明示方法は記録を出力することにより書面を作成できるものに限定されています。労働者がいつでも自分の労働条件を確認できることが労働条件明示の趣旨であるため，労働者が保管できる方法としているのです。メール本文であっても添付ファイルであっても構いませんが，紙に印刷できる必要があります（平成30年12月28日付基発1228第15号）。

なお，この改正は平成31年4月1日から施行されています。

-Q- 45 労働条件が異なっていた場合

書面等に記載された労働条件が事実と異なる場合の扱いは，何か変わるのでしょうか？

A

　今回の改正により，明示しなければならない労働条件を事実と異なるものとしてはならない，との条文が追加されました（労基則5②）。明示しなければならない労働条件の範囲は従前と同じです。

　労基法15条1項に定められている明示しなければならない労働条件が事実と異なる場合は，改正前から労働者は即時に雇用契約を解除することができるとされていました（労基法15②）。この明示された労働条件と実際の労働条件が異なっていた場合の扱いについては，改正によって変わりはありません。

＜10＞同一労働同一賃金

-Q- 46 同一労働同一賃金に関する法整備

同一労働同一賃金の導入に伴い，複数の法律が一斉に改正されたようですが，整理して解説してください。

A

1．はじめに

　「働き方改革実行計画」に基づき，働き方改革関連法の下，同一企業内における正規雇用労働者と非正規雇用労働者との間の不合理な待遇差の実効ある是正を図るため，パートタイム労働法及び派遣法について，次に掲げる改正がなされました。

なお，係る法改正にあたって，有期雇用労働者をパートタイム労働法の適用対象に含めることとしたので，有期雇用労働者の不合理な処遇差の禁止について定めている労働契約法20条は削除されることになりました。

2．不合理な待遇差を解消するための規定の整備

(1)　短時間雇用者および有期雇用労働者と正規雇用労働者との間の待遇差について

　ア．不合理な待遇の禁止（均衡待遇）

　　同一企業内における短時間・有期雇用労働者と正規雇用労働者との間の不合理な待遇差の禁止に関し，個々の待遇ごとに，当該待遇の性質・目的に照らして適切と認められる事情を考慮して判断されるべき旨が明文で定められました（パート・有期労働法8）。

　イ．差別的取扱いの禁止（均等待遇）

　　従来，短時間労働者については，正規雇用労働者と職務内容および職務内容・配置の変更範囲が同一である場合の均等待遇の確保に関する定めがありましたが，今般の法改正により，有期雇用労働者についても，正規雇用労働者と職務内容及び職務内容・配置の変更範囲が同一である場合の均等待遇の確保が義務化されました（パート・有期労働法9）。

(2)　派遣労働者と派遣先の労働者との均衡・均等待遇等について

　派遣労働者について，派遣先の労働者との均衡・均等待遇又は一定の要件（同種業務の一般の労働者の平均的な賃金と同等以上であること等）を満たす労使協定による待遇のいずれかを確保することが義務化されました（派遣法30の3，30の4）。

(3)　ガイドラインの根拠規定の整備について

　上記(1)(2)の各事項に関するガイドラインの根拠規定が整備されました（パート・有期労働法15①，派遣法47の11）。

3．労働者に対する待遇に関する説明義務の強化

(1)　短時間労働者および有期雇用労働者について

　短時間労働者および有期雇用労働者について，正規雇用労働者との間の待遇差の内容・理由等に関する説明が義務化されました（パート・有期労働法14②）。

(2)　派遣労働者について

　派遣労働者について，正規雇用労働者との間の待遇差の内容・理由等に関する説明が義務化されました（派遣法31の2②〜④）。

4．行政による履行確保措置および行政による裁判外紛争解決手続（行政ADR）の整備

　上記2の義務及び上記3の説明義務について，行政による履行確保措置および行政ADRが整備されました（行政による履行確保措置について：パート・有期労働法18，派遣法48，行政ADRについて：パート・有期労働法23〜27，派遣法47の6〜47の9）。

-Q- 47　対象となる待遇差とは

同一労働同一賃金は，正社員と契約社員等との間の待遇差のみが対象となるのでしょうか。例えば，正社員間では同じ仕事・内容・責任であるのに担当区域・従事年数などの要素で賃金に格差がある場合は対象にならないのでしょうか。

A

1．今回導入された同一労働同一賃金について

　働き方改革関連法の下，今回導入された同一労働同一賃金は，同一の事業主に雇用される通常の労働者（正規雇用労働者）と短時間・有期雇用労働者との間の不合理な待遇差の解消（パート・有期労働法8，9）および派遣先に雇用される通常の労働者（正規雇用労働者）と派遣労働者との間の不合理な待遇差の解消（派遣法30の3，30の4）であり，雇用形態が同じ労働者の間の待遇差を対象とするものではありません。したがって，フルタイム勤務の無期雇用労働者間の待遇差は対象ではありません。

　これは，働き方改革関連法における「労働者がそれぞれの事情に応じた多様な働き方を選択できる社会を実現する」という目的を達成するためには，どのような雇用形態を選択しても待遇に納得して働くことが可能な，多様な働き方を自由に選択できるようにする必要があるとの考えに基づき，「雇用形態に関わらない公正な待遇の確保」を実現するために導入された概念です。

2．従来の「同一労働同一賃金の原則」との違いについて

　「同一労働同一賃金」という語は，従来，主として，同一の価値の労働に対しては同等の報酬を与えなければならないという原則，すなわち「同一価値労働同一賃金の原則」の意味で用いられてきました。

　今回我が国で導入された同一労働同一賃金は，そうした「同一価値労働同一賃金の原則」とは異なり，正規雇用労働者と短期間・有期雇用労働者との間および正規雇用労働者と派遣元から労働者派遣された派遣労働者との間の不合理な待遇差の是正，すなわち，「雇用形態による待遇差の是正」を内容とする政策的な概念です。

3. 我が国が「同一労働同一賃金の原則」を採用していないことについて

　我が国は，契約の自由ないし私的自治の原則を採用する一方，人権保障の観点から，従来，実定法として，①労働者の国籍，信条または社会的身分を理由とする労働条件の差別的取扱いの禁止（労基法3），②労働者が女性であることを理由とする賃金についての男性との差別的取扱いの禁止（同法4）ならびに③法に定める雇用の各ステージにおける性別を理由とする直接差別の禁止（均等法5，6）および性別を理由としない間接差別の禁止（同法7）を定めていますが，これらの規定は個々の特定の事項を理由とする差別的取扱いの禁止を定めたものにとどまるものであり，同一労働同一賃金の原則を定めた実定法はわが国には存在しませんでした。そのため，多くの裁判例および通説的な学説は，我が国の法制度はいわゆる同一労働同一賃金の原則を採用していないと解してきました。契約の自由ないし私的自治の原則は憲法22条，29条等が保障する私法上の原則であり（憲法13条において保障されていると解する学説も近時有力であるようです。），賃金その他労働者の待遇の格差の問題は原則として労使自治によって解決すべき事柄であること等からすると，かかる理解が妥当であると考えます。

　今回，働き方改革関連法の下に政策的な観点から導入された同一労働同一賃金という概念は，上述のとおり，雇用形態が同じ労働者の間の待遇差を対象とするものではありません。

　したがって，我が国には，今般導入された同一労働同一賃金に関する法令が施行された後も，従来同様，「雇用形態が同一の労働者の間における待遇差の禁止」という意味での同一労働同一賃金の原則を定めた実定法は存在しません。

　こうしたことからすると，我が国の法制度においては，働き方改革関連法の下で法令が施行された後も，「雇用形態が同一の労働者の間

における待遇差の禁止」という意味での同一労働同一賃金の原則は採用していないものと解されます。

-Q- 48 期待される役割と格差

同じ業務であっても，例えば正社員は部下の指導が人事考課の対象になるが契約社員はならないというように，期待される役割が違えば賃金の格差は認められるのでしょうか。

A

1 パート・有期雇用労働法8条は，事業主は，「その雇用する短時間・有期雇用労働者の基本給，賞与その他の待遇のそれぞれについて」，当該待遇に対応する通常の労働者の待遇との間において，「当該短時間・有期雇用労働者及び通常の労働者の業務の内容及び当該業務に伴う責任の程度（以下「職務の内容」といいます。），当該職務の内容及び配置の変更の範囲その他の事情のうち，当該待遇の性質及び当該待遇を行う目的に照らして適切と認められるものを考慮して，不合理と認められる相違を設けてはならない」と定めています。

　この文言からすると，短時間・有期雇用労働者の待遇と通常の労働者の待遇について，必ずしも同一であることを求めるものではなく，待遇差があり得ることを前提に，職務の内容，当該職務の内容・配置の変更の範囲（以下「職務の内容等」といいます。）に相違がない場合であっても，当該待遇の性質・目的に照らして，当該待遇差について不合理と認められないことがありうる一方，職務の内容等に相違がある場合であっても，当該待遇の性質・目的に照らして，当該待遇差について不合理と認められ，同条違反となることがありうるものと解されます。具体的な解釈適用については，同法施行後

（令和 2 年（2020年） 4 月 1 日から施行。ただし，中小企業は令和 3 年（2021年） 4 月 1 日から適用），蓄積される裁判例が注目されるところです。

2 ご質問の「期待される役割が異なる」ということは，少なくとも職務の内容等が異なるということにほかなりません。

　一般論としては，当該賃金の性質および目的に照らし，「期待される役割が異なる」ことを考慮しても当該賃金の当該格差が不合理と認められる場合には，当該賃金の当該格差は同条に反し，違法であるということになります。他方，当該賃金の性質及び目的に照らし，「期待される役割が異なる」ことを考慮すると当該賃金の当該格差が不合理と認められない場合には，当該賃金の当該格差は同条に違反しないということになります。

　もっとも，厚生労働省が示す指針「同一労働同一賃金ガイドライン」（平成30年12月28日厚生労働省告示第430号）等によると，役割期待の相違については，それが単に「将来の役割期待の相違」というだけでは主観的または抽象的に過ぎ，その理由だけをもって賃金に格差をつけている場合には，当該賃金格差は賃金の性質及び目的に照らし不合理と認められやすいということになると思われます。役割期待の相違については，設問の事例（部下の指導が人事考課の対象となるか否か）のように，客観的および具体的な実態として現に「役割期待に相違があること」が，当該賃金の性質及び目的に照らして賃金格差があることの不合理と認められないための事情となりうるものであると思われます。

3 こうしたことからすると，同条の適用にあたっては，相違のある個々の待遇の性質および目的いかんによって，当該待遇差の不合理性を判断するにあたって考慮することが適切と認められる事情が異なるということになるので，ご質問の場合においても，相違のある当該賃金の性質および目的に照らして，客観的かつ具体的な当該「役

割期待の相違」を考慮することが適切とは認められない場合には，当該「役割期待の相違」は，当該賃金の相違についての不合理性を判断する際の考慮要素とならず，当該「役割期待の相違」をもって当該賃金の格差が不合理とは認められないとは言えないということになります。

　　したがって，同条の解釈として，一概に，「期待される役割が違えば賃金の格差は認められる」とは言えません。

4　このように，パート・有期労働法8条は，解釈・適用に関し様々な難しい問題を孕んだ規定です。例えば，様々な事情の中から「当該待遇の性質及び目的に照らして適切と認められるもの」を考慮するについては，当然のことながら，当該待遇の性質・目的の理解によって，考慮すべき適切な事情が異なりうるものと思われますし，また，同条にいう「不合理と認められるもの」に当たるかは，パートタイム労働法8条および労契法20条がいう「不合理と認められるもの」と同様，評価・判断が難しい問題であると思われます。

　　ところで，厚生労働省は，前述の指針「同一労働同一賃金のガイドライン」を示すほか，同一労働同一賃金への対応に向けて，「パートタイム・有期雇用労働法対応のための取組手順書」（2019年1月），「職務評価を用いた基本給の点検・検討マニュアル」（2019年3月）及び「不合理な待遇差解消のための点検・検討マニュアル〜パートタイム・有期労働法への対応〜」の業界共通編と6つの業界編（スーパーマーケット業界編，印刷業界編，食品製造業界編，自動車部品製造業界編，生活衛生業界編，福祉業界編，労働者派遣業界編）（いずれも2019年3月）や「不合理な待遇差解消のための点検・検討マニュアル〜改正労働者派遣法への対応〜」の労働者派遣業界編（2019年3月）のパンフレットを作成するなどして，同一労働同一賃金についての周知等を図っています。

　　法改正による同一労働同一賃金の導入に伴い，会社の人事制度・

給与制度を見直す際には，将来の法的紛争リスクをできる限り抑えるためにも，厚生労働省のこうした資料を参照・検討することは，企業経営者または人事労務担当者として重要な作業であろうと思います。

5　なお，厚生労働省の上記の指針はともかく，上記の資料のパンフレットはいずれも大部のものであり，それらの詳細について本書で触れることはできませんが，それらの記述に関し，1点だけ疑問を述べておきたいと思います。それは，雇用形態の違いによる不合理な待遇差の是正について，差別的取扱いの禁止（均等待遇）を定めたパート・有期労働法9条と均衡待遇を定めた同法8条の関係です。

厚生労働省の上記の資料には，「事業主が，均等待遇，均衡待遇のどちらを求められるかは，短時間・有期労働者と通常の労働者との間で，『①職務の内容，②職務の内容・配置の変更の範囲』が同じか否かにより決まります」という旨の記述が随所になされています。

しかし，同法9条の均等待遇の定めが適用されるのは，文字どおり，短時間・有期雇用労働者であることを直接の理由（原因）とした差別的取扱いの場合のみであり，短時間・有期雇用労働者であることを直接の理由（原因）としていない待遇差については，たとえ①職務の内容が通常の労働者と同一であり，かつ，②職務の内容・配置の変更の範囲（人材活用の仕組み，運用等）が当該事業主との雇用関係が終了するまでの全期間において通常の労働者と同一であったとしても，同法9条の適用対象外であると解するべきであると思料します。同条は，雇用形態による待遇差の是正という専ら政策的な観点から創設されたものであるので，憲法が保障する契約の自由や私的自治を過度に制約する方向への拡大解釈や類推解釈等がなされてはならないと考えます。

-Q- 49 「不合理と認められる相違」に該当する場合

正社員（通常の労働者）と短期間・有期雇用労働者との間の待遇差が，パート・有期労働法8条にいう「不合理と認められる相違」に該当するのは，具体的にどのような場合でしょうか。

A

1．パート・有期労働法8条の定めについて

パート・有期労働法8条は，「事業主は，その雇用する短時間・有期雇用労働者の基本給，賞与その他の待遇のそれぞれについて，当該待遇に対応する通常の労働者の待遇との間において，当該短時間・有期雇用労働者及び通常の労働者の業務の内容及び当該業務に伴う責任の程度（以下「職務の内容」という。），当該職務の内容及び配置の変更その他の事情のうち，当該待遇の性質及び当該待遇を行う目的に照らして適切と認められるものを考慮して，不合理と認められる相違を設けてはならない」と定めています。

2．短期間・有期雇用労働法の施行通達について

パート・有期施行通達第3.3）は，パート・有期労働法8条を均衡待遇規定と解したうえで，同条に言う「不合理と認められる」待遇差に当たるか否かについては，「短時間・有期雇用労働者と通常の労働者との間に待遇差があれば直ちに不合理とされるものではなく，当該待遇の相違が同条に列挙されている要素のうち，当該待遇の性質及び当該待遇を行う目的に照らして適切と認められる事情を考慮して，不合理と認められるかどうかが判断されるものである」とし，同条の「不合理性の判断の対象となるのは，待遇の『相違』であり，この待遇の相違は，『短時間・有期雇用労働者であることに関連して生じた待遇

の相違』である」としています。

　また，同行政通達は，同条について，「事業主が，短時間・雇用労働者と同一の事業所に雇用される通常の労働者や職務の内容が同一の通常の労働者との間だけでなく，その雇用するすべての通常の労働者との間で，不合理と認められる待遇の相違を設けることを禁止したものである」としています。

3.「不合理と認められる相違」について

　このようにパート・有期労働法8条にいう「不合理と認められる相違」に該当するか否かの判断の対象となるのは，「短時間・有期雇用労働者であることに関連して生じた待遇の相違」です。

　「不合理と認められる相違」とは，待遇の相違が「合理的でないこと」をいうのではなく，待遇の相違が「不合理であると評価することができるものであること」をいいます。

　「不合理と認められる相違」に該当するか否かは，様々な「事情のうち，当該待遇の性質及び当該待遇を行う目的に照らして適切と認められるものを考慮して」判断することになります。こうした判断の結果，「不合理と認められる相違」に該当するのが具体的にどのような場合なのかは，まさにケース・バイ・ケースであり，一概に決することは困難です。

　というのは，例えば，手当の名称が同じであっても，その趣旨や賃金体系における位置づけ等は会社によって異なり得るものであるので，不合理であると認められるか否かの判断は，手当の名称によって一律に定まるものではなく，それぞれの事案の事実関係に照らして，個別具体的に判断するほかない（村田一広他：ジュリスト1525号112頁参照）からです。

　この点については，Q53で紹介するハマキョウレックス事件最高裁判決が「無事故手当に相違を設けることが不合理であるとの評価を妨

げるその他の事情もうかがわれない」とか，皆勤手当について「皆勤の事実を考慮して昇給が行われたという事情もうかがわれない」と判示している点に留意する必要があります。

-Q- 50 短時間・有期雇用労働者に関するガイドラインの内容

働き方改革関連法の下，今般導入された同一労働同一賃金については，厚生労働省が指針（同一労働同一賃金ガイドライン）を告示しているそうですが，同ガイドラインには，短時間・有期雇用労働者の待遇に関し，どのようなことが示されているのですか。

A

1．同一労働同一賃金ガイドラインについて

パート・有期労働法第15条第1項及び派遣法第47条の11に基づく「短時間・有期雇用労働者及び派遣労働者に対する不合理な待遇の禁止等に関する指針」（平成30年12月28日厚生労働省告示第430号。以下「同一労働同一賃金ガイドライン」という。令和2年（2020年）4月1日から適用（中小企業は短時間・有期雇用労働者にかかる規定は令和3年（2021年）4月1日から適用）される。）は，短時間・有期雇用労働者及び派遣労働者に対する不合理な待遇差の禁止等に関する原則的な考え方と具体例を，「待遇」の項目ごとに示しています。

2．同一労働同一賃金ガイドラインが示す短時間・有期雇用労働者の待遇に関する原則的な考え方

同一労働同一賃金のガイドラインが示す短時間・有期雇用労働者の処遇に関する原則的な考え方の要旨は，次のとおりです。

76　第1　「働き方改革」と企業への影響

【ガイドラインが示す短時間・有期雇用労働者の処遇に関する原則的な考え方】(要旨)

1　基本給

(1)　基本給であって，労働者の能力，経験，業績，成果又は勤続年数に応じて支給するもの

　①　通常の労働者と同一の能力，経験，業績，成果又は勤続年数を有する短時間・有期雇用労働者には，それらに応じた部分につき，通常の労働者と同一の基本給を支給しなければならない。

　②　通常の労働者と能力，経験，業績，成果又は勤続年数に一定の相違がある短時間・有期労働者には，それらに応じた部分につき，その相違に応じた基本給を支給しなければならない。

　③　上記①②は，基本給とは別に，労働者の業績又は成果に応じた手当を支給する場合も同様である。

(2)　昇給であって，労働者の勤続による能力の向上に応じて行うもの

　①　通常の労働者と同様に勤続により能力が向上した短時間・有期雇用労働者には，勤続による能力の向上に応じた部分につき，通常の労働者と同一の昇給を行わなければならない。

　②　通常の労働者と勤続による能力の向上に一定の相違のある短時間・有期雇用労働者には，その相違に応じた昇給を行わなければならない。

2　賞与―賞与であって，会社の業績等への労働者の貢献に応じて支給するもの

　①　通常の労働者と同一の貢献である短時間・有期雇用労働者には，貢献に応じた部分につき，通常の労働者と同一の賞与を支給しなければならない。

　②　通常の労働者と貢献に一定の相違のある短時間・有期雇用労働

者には，その相違に応じた賞与を支給しなければならない。

3 手当
 (1) 役職手当であって，役職の内容に対して支給するもの
  ① 通常の労働者と同一の内容の役職に就く短時間・有期雇用労働者には，通常の労働者と同一の役職手当を支給しなければならない。
  ② 通常の労働者と役職の内容に一定の相違がある短時間・有期雇用労働者には，その相違に応じた役職手当を支給しなければならない。

(2) 業務の危険度又は作業環境に応じて支給される特殊作業手当
  通常の労働者と同一の危険度又は作業環境の業務に従事する短時間・有期雇用労働者には，通常の労働者と同一の特殊作業手当を支給しなければならない。

(3) 交替制勤務等の勤務形態に応じて支給される特殊勤務手当
  通常の労働者と同一の勤務形態で業務に従事する短時間・有期雇用労働者には，通常の労働者と同一の特殊勤務手当を支給しなければならない。

(4) 精皆勤手当
  通常の労働者と業務の内容が同一の短時間・有期雇用労働者には，通常の労働者と同一の精皆勤手当を支給しなければならない。

(5) 時間外労働に対して支給される手当
  通常の労働者の所定労働時間を超えて，通常の労働者と同一の時間外労働を行った短時間・有期雇用労働者には，通常の労働者の所定労

働時間を超えた時間につき，通常の労働者と同一の割増率等で，時間外労働に対して支給される手当を支給しなければならない。

(6) 深夜労働又は休日労働に対して支給される手当

通常の労働者と同一の深夜労働又は休日労働を行った短時間・有期雇用労働者には，通常の労働者と同一の割増率等で，深夜労働又は休日労働に対して支給される手当を支給しなければならない。

(7) 通勤手当及び出張旅費

短時間・有期雇用労働者にも，通常の労働者と同一の通勤手当及び出張旅費を支給しなければならない。

(8) 労働時間の途中に食事のための休憩時間がある労働者に対する食事の負担補助として支給される食事手当

短時間・有期雇用労働者にも，通常の労働者と同一の食事手当を支給しなければならない。

(9) 単身赴任手当

通常の労働者と同一の支給要件を満たす短時間・有期雇用労働者には，通常の労働者と同一の単身赴任手当を支給しなければならない。

(10) 特定の地域で働く労働者に対する補償として支給される地域手当

通常の労働者と同一の地域で働く短時間・有期雇用労働者には，通常の労働者と同一の地域手当を支給しなければならない。

4 賃金の決定基準・ルールの相違がある場合の取扱い

(1) 通常の労働者と短時間・有期雇用労働者との間に基本給，賞与，各種手当等の賃金に相違がある場合において，その要因として通

常の労働者と短時間・有期雇用労働者の賃金の決定基準・ルールの相違があるときは，「通常の労働者と短時間・有期雇用労働者との間で将来の役割期待が異なるため，賃金の決定基準・ルールが異なる」等の主観的又は抽象的な説明では足りない。

(2) 通常の労働者と短時間・有期雇用労働者との間の賃金の決定基準・ルールの相違は，通常の労働者と短時間・有期雇用労働者の職務の内容，当該職務の内容及び配置の変更の範囲その他の事情のうち，当該待遇の性質及び当該待遇を行う目的に照らして適切と認められるものの客観的及び具体的な実態に照らして，不合理と認められるものであってはならない。

5 定年に達した後に継続雇用された有期雇用労働者の取扱い

(1) 定年に達した後に継続雇用された有期雇用労働者についても短時間・有期雇用労働法の適用を受けるものである。このため，通常の労働者と定年に達した後に継続雇用された有期雇用労働者との間の賃金の相違については，実際に両者の間に職務の内容，職務の内容及び配置の変更の範囲その他の事情の相違がある場合は，その相違に応じた賃金の相違は許容される。

(2) 有期雇用労働者が定年に達した後に継続雇用された者であることは，通常の労働者と当該有期雇用労働者との間の待遇の相違が不合理と認められるか否かを判断するに当たり，短時間・有期雇用労働法8条のその他の事情として考慮される事情に当たりうる。定年に達した後に有期雇用労働者として継続雇用する場合の待遇について，様々な事情が総合考慮されて通常の労働者と当該有期雇用労働者との間の待遇の相違が不合理と認められるか否かが判断するされるものと考えられる。したがって，当該有期雇用労働者が定年に達した後に継続雇用された者であることのみをもって，直ちに通常の労働者と当該有期労働者との間の相違が不

80　第1　「働き方改革」と企業への影響

　　合理ではないと認められるものではない。

6　賃金以外の待遇

(1)　福利厚生

　ア　福利厚生施設（給食施設，休憩室及び更衣室）

　　　通常の労働者と同一の事業所で働く短時間・有期雇用労働者には，通常の労働者と同一の福利厚生施設の利用を認めなければならない。

　イ　転勤者住宅

　　　通常の労働者と同一の支給要件（例えば，転勤の有無，扶養義務の有無，住宅の賃貸又は収入の額）を満たす短時間・有期雇用労働者には，通常の労働者と同一の転勤者用社宅の利用を認めなければならない。

　ウ　慶弔休暇並びに健康診断に伴う勤務免除及び有給の保障

　　　短時間・有期雇用労働者にも，通常の労働者と同一の慶弔休暇の付与並びに健康診断に伴う勤務免除及び有給の保障を行わなければならない。

　エ　病気休暇

　　①　短時間労働者（有期雇用労働者である場合を除く。）には，通常の労働者と同一の病気休暇の取得を認めなければならない。

　　②　有期雇用労働者にも，労働契約が終了するまでの期間を踏まえて，病気休暇の取得を認めなければならない。

　オ　法定外の有給の休暇その他の法定外の休暇（慶弔休暇を除く。）であって，勤続期間に応じて取得を認めているもの

　　①　通常の労働者と同一の勤続期間である短時間・有期雇用労働者には，通常の労働者と同一の法定外の有給の休暇その他の法定外の休暇（慶弔休暇を除く。）を付与しなければなら

ない。

② 有期の労働契約を更新している場合には，当初の労働契約の開始時から通算して勤続期間を評価することを要する。

(2) その他

ア 教育訓練であって，現在の職務の遂行に必要な技能又は知識を取得するために実施するもの

① 通常の労働者と職務の内容が同一である短時間・有期雇用労働者には，通常の労働者と同一の教育訓練を実施する等必要な措置を講じなければならない。

② 職務の内容に一定の相違がある場合においては，その相違に応じた教育訓練を実施しなければならない。

イ 安全管理に関する措置又は給付

通常の労働者と同一の業務環境に置かれている短時間・有期雇用労働者には，通常の労働者と同一の安全管理に関する措置及び給付をしなければならない。

-Q- 51 待遇をすべて同じにすることの要否

通常の労働者と短時間・有期雇用労働者との間で，給与，賞与，退職金その他の待遇をすべて同じにしなくてはならないのでしょうか。

A

パート・有期労働法8条にいう「不合理と認められる」待遇差に当たるか否かは，「短時間・有期雇用労働者と通常の労働者との間に待遇差があれば直ちに不合理とされるものではなく，当該待遇の相違が

82 第1 「働き方改革」と企業への影響

同条に列挙されている要素のうち，当該待遇の性質及び当該待遇を行う目的に照らして適切と認められる事情を考慮して，不合理と認められるかどうかが判断される」ものです（パート・有期施行通達第3.3）。

したがって，通常の労働者と短期間・有期雇用労働者との間で待遇をすべて同じにしなければならないものではありません。

-Q- 52 「通常の労働者」とは

パート・有期労働法第8条にいう「通常の労働者」とはどのような者を指すのでしょうか。

A

1. 労働契約法20条が有期雇用労働者との「労働条件の相違」の比較対象とする労働者について

(1) 労契法20条は，有期雇用労働者の労働条件について，期間の定めがあることによる不合理な相違を設けることを禁ずる趣旨の定めです。有期雇用労働者の労働条件と比較対照するのは，当該無期雇用労働者と同一の使用者に雇用される「期間の定めのない労働契約を締結している労働者」（無期雇用労働者）の労働条件ですが，同条は具体的にどのような無期雇用労働者が同条にいう無期雇用労働者に該当するのかについて特に定めていません。

この点について，通説的見解は「無期契約労働者との関係で自分の労働条件の適性に不満をもつ有期契約労働者が，……自分が同じ労働条件を享受すべきであると考える無期契約労働者（そのグループ）」（菅野和夫著「労働法」（第11版補正版）336頁）と解しています。これまでの裁判例をみても，比較対照する労働条件について，本人と同一の製造ラインに配属されている無期雇用労働者の労働条件としている例，同種業務に従事する正社員の労働条件としている例，

定年退職前の無期雇用契約者であった当時の本人自身の労働条件としている例，正社員全体の労働条件としている例，一般職層の正社員のうち，当該有期雇用労働者と類似の職務を担当する者の労働条件としている例など様々です（峰隆之著「定年後同一会社で嘱託雇用された労働者の均衡待遇─日本ビューホテル事件」：ジュリスト1533号120頁参照）。

(2)　今般の法改正によって，労契法20条は削除され，有期雇用労働者の待遇差の不合理性の是正は，パート・有期労働法 8 条（または 9 条）の適用問題となり，係る問題において当該有期雇用労働者の労働条件と比較対照する労働条件は，無期雇用労働者の労働条件ではなく，同法 8 条（または 9 条）にいう「通常の労働者」の労働条件となります。

　　では，パート・有期労働法 8 条（または 9 条）にいう「通常の労働者」とはどのような者を意味し，労契法20条にいう「無期雇用労働者」とは，どのような違いがあるのでしょうか。

2．パート・有期労働法 8 条にいう「通常の労働者」の意義

(1)　パート・有期労働法 8 条にいう「通常の労働者」については，同法 2 条，3 条 1 項，9 条から13条および同法14条 2 項にいう「通常の労働者」と同義であり，「社会通念に従い，比較の時点で当該事業主において『通常』と判断される労働者」をいい，「具体的には，『通常の労働者』とは，いわゆる正規型の労働者および事業主と期間の定めのない労働契約を締結しているフルタイム労働者（以下「無期雇用フルタイム労働者」といいます。）をいう」ものと定義されています（パート・有期施行通達第1.2(3)）。

　　また，同施行通達は，「当該『通常』の概念については，就業形態が多様化している中で，いわゆる『正規型』の労働者が事業所や特定の業務には存在しない場合も出てきており，ケースに応じて個

別に判断をすべきものである」としています（パート・有期施行通達第1.2(3)）。

　なお，施行通達は，パート・有期労働法2条にいう「通常の労働者」に関して，同「法が業務の種類ごとに短時間労働者を定義していることから，『通常』の判断についても業務の種類ごとに行うもの」としています（パート・有期施行通達第1 2(3)）。

(2)　ここにいういわゆる「正規型の労働者」について，施行通達は，「労働契約の期間の定めがないことを前提として，社会通念に従い，当該労働者の雇用形態，賃金体系等（例えば，長期雇用を前提とした待遇を受けるものであるか，賃金の主たる部分の支給形態，賞与，退職金，定期的な昇給又は昇格の有無）を総合的に勘案して判断するものであること」としています。

　この点，「正規型の労働者」については，平成5年にパートタイム労働法が制定された当時，「年功序列的な賃金体系のもとで終身雇用的な長期勤続を前提として雇用される者」は「通常の労働者」すなわち「正規型の労働者」に該当する旨が唱えられていました。その後，平成19年および平成26年の法改正を経て，今般，パート・有期労働法に改正された現在も，概ね同様の理解がなされているのであろうと思われます。したがって，「正規の労働者」として想定されているのは，今もって，いわゆる日本型雇用システムにおけるいわゆる「正社員」であると思われます（もっとも，「正規型の労働者」についてこうした理解をすると，特に中小企業においては，そうした「正規型の労働者」が存在していないケースが従来から相当多数であり，就業形態の多様化が世間に取り沙汰されるようになって「出てきた」わけではないという反論があるのではないかと思います。）。

(3)　また，ここにいう「無期雇用フルタイム労働者」について，パート・有期施行通達は，「その業務に従事する無期雇用労働者（事業

主と期間の定めのない労働契約を締結している労働者をいう。以下同じ。）のうち，1週間の所定労働時間が最長の労働者のことをいう」とし，「このため，いわゆる正規型の労働者の全部又は一部が，無期雇用フルタイム労働者にも該当する場合がある」としています。

この点に関して，平成19年改正時のパートタイム労働法施行通達（平成19年10月1日）は，当時の法2条にいう「通常の労働者」について，「当該業務に従事する者の中に，いわゆる正規型の労働者がいる場合には，当該正規型の労働者」，「当該業務に従事する者の中に，いわゆる正規型の労働者がいない場合には，当該業務に基幹的に従事するフルタイム労働者（フルタイムの基幹的労働者）」をいうと定義するとともに，フルタイムの基幹労働者については，「当該業務に恒常的に従事する1週間の所定労働時間が最長のものであって，正規型の労働者でない者を指し，一時的な業務のために臨時的に採用されている者は含まない」と定義していました。

その後，平成26年改正前のパートタイム労働法9条は，短時間労働者であることによる処遇の差別的取扱いの禁止の対象となる「通常の労働者と同視すべき短時間労働者」の要件の1つに「当該事業主と期間の定めのない労働契約を締結して」いることを掲げていました。したがって，この当時は，「通常の労働者」は「無期雇用労働者」であることが前提であったものと思われます。

しかし，平成26年の同法改正においては，第9条の「通常の労働者と同視すべき短時間労働者」の要件から無期労働契約を締結していることという要件が削除されました。このことによって，反射的に，「通常の労働者」は必ずしも無期雇用労働者とは限らないものと解されるに至ったように思われます。

このように，パートタイム労働法の当時は，同法にいう「通常の労働者」の概念は，当然のことながら，「短時間労働者」との関係において定義されていました。

しかしながら，今般，パートタイム労働法からパート・有期労働法に改正され，同法が，従来の「短時間労働者」と「通常の労働者」という関係に加えて，「有期雇用労働者」と「通常の労働者」という関係での規制をも対象とすることとなり，再び「無期雇用労働者」であることが同法8条等にいう「通常の労働者」の要件となった（なお，「正規型の労働者」について，施行通達は前掲のとおり「『労働契約の期間の定めがないことを前提』とする」としています。）ものと思われます。

したがって，今般のパート・有期労働法の下では，結局，施行通達に従い，「『有期雇用労働者』は同法にいう『通常の労働者』に当たらない」と解釈するのが妥当であると思われます。

3．有期雇用契約またはフルタイム勤務の労働者と「通常の労働者」について

パート・有期施行通達の上述の記述および同法2条等に照らすと，「事業主と無期労働契約を締結していない労働者（有期雇用労働者）」は，「通常の労働者」には該当せず，また，事業主が雇用する労働者のうち，「1週間の所定労働時間が最長である非正規労働者」は，「1週間の所定労働時間が同じく最長である正規型の労働者」がいる限り，「通常の労働者」ではないということになります。

このように通常の労働者の概念はいささか複雑ですが，労契法18条に有期雇用労働者の無期契約への転換ルールが定められ，各企業において，「正規型の労働者」とは異なる「無期雇用フルタイム労働者」なる労働者が実在のものとなっている現在，さらに捉えにくい概念になっているように思います。

４．パート・有期労働法８条において比較対照する「通常の労働者」
　について

(1)　「通常の労働者」に該当する労働者の範囲について

　「正規型の労働者」あるいは「無期雇用フルタイム労働者」と一口
にいっても，該当する従業者は企業における様々な雇用区分にわたっ
て存在します（例えば，総合職・一般職，勤務場所限定正社員，職務
限定正社員など）。しかし，同法８条にいう「通常の労働者」は，そ
れらのうちの特定の労働者を意味するものではありません。

　また，同条にいう「通常の労働者」は，短時間労働者又は有期雇用
労働者（以下，短時間労働者および有期雇用労働者を総称して「短時間・
有期雇用労働者」といいます。パート・有期労働法２③参照）と勤務する
事業所が同一である労働者や，短時間・有期雇用労働者と職務の内容
等が同一である労働者に限定されません。

　このように，同条にいう「通常の労働者」とは，「同一事業主が雇
用する『すべての』正規型の労働者または無期雇用フルタイム労働者」
を指しています。

　なお，雇用区分，勤務場所，職務内容等の違いは，短時間・有期雇
用労働者と通常の労働者のとの間の待遇差について「不合理と認めら
れるもの」であるか否かを判断する際に考慮される「事情」に含まれ
得るものであることは，言うまでもありません。

(2)　同法２条にいう短時間労働者に当たるか否かを判定する場合の
　「通常の労働者」と同法８条において短時間労働者の待遇と比較対
　照する場合の「通常の労働者」の違いについて

　ア　同法にいう短時間労働者とは，「１週間の所定労働時間が同一
　　の事業主に雇用される通常の労働者（当該事業主に雇用される通
　　常の労働者と同種の業務に従事する当該事業主に雇用される労働
　　者にあっては，厚生労働省令で定める場合を除き，当該労働者と
　　同種の業務に従事する当該通常の労働者）の１週間の所定労働時

間に比し短い労働者」(同法2①)をいい,短時間労働者に該当するか否かは,原則として「同種の業務に従事する通常の労働者」の1週間の所定労働時間との対比において判定されます。

「短時間労働者」に該当するか否かの判定方法は,施行通達に定められていますが(施行通達第1.2(5)),係る施行通達によると,短時間労働者に該当するか否かの判定にあたって比較対照する通常の労働者は,同種の業務に従事する通常の労働者がいる場合には,係る通常の労働者のうちの「当該事業主における1週間の所定労働時間が最長」の者,同種の業務に従事する通常の労働者がいない場合及び同種の業務に従事する通常の労働者がいても通常の労働者以外の者の数が著しく多い場合には,他の業務に従事する通常の労働者のうちの「当該事業主における1週間の所定労働時間が最長」の者が,これに該当します。

イ これに対し,同法8条において,短時間労働者の待遇と比較対照する場合の「通常の労働者」は,上述のとおりであり,勤務する事業所,従事する業務の種類に限定はなく,「当該事業主における1週間の所定労働時間が最長」の通常の労働者に限られません。

-Q- 53 労働契約法20条に関するこれまでの裁判例

パート・有期労働法の改正に伴い,労働契約法20条は廃止されるそうですが,現在,裁判所は労働契約法20条の解釈適用に関しどのような判断をしているのでしょうか。

A

1. はじめに

最高裁判所(第二小法廷)は,平成30年6月1日,労契法20条を巡

る２つの事件，すなわち，後述するハマキョウレックス事件と長澤運輸事件について，それぞれ判決を言い渡しました。両事件とも，運送会社において，ドライバー（乗務員）として勤務し，職務の内容が同一である無期契約社員（正社員）と有期契約社員（契約社員，嘱託乗務員）との間の賃金に関する労働条件の相違が，同条にいう「不合理と認められるもの」に当たるかが争われました。

係る最高裁判決以降，両事件と同じく，正社員と有期雇用社員との間の労働条件の相違について労契法20条の「不合理」性を争う事件について，最高裁判決の判断を踏まえた下級審判決がいくつかなされました。しかし，判決の具体的な判断の内容及び結果は様々であり，裁判所における同条の解釈・適用は必ずしも定まっていないとみざるをえない状況です。

このように同条の解釈・適用がいまだ混とんとしているなか，令和２年（2020年）４月にはパート・有期労働法８条，９条等が施行（中小企業については令和３年（2021年）４月適用）され，労契法20条は廃止されます。

以下においては，この２つの最高裁判例を紹介します。

２．ハマキョウレックス事件最高裁判決（最二小平成30年６月１日判決）

(1) 事件の概要

ハマキョウレックス事件では，正社員と有期雇用社員（契約社員）との間の各種手当（①無事故手当，②作業手当，③給食手当，④住宅手当，⑤皆勤手当，⑥通勤手当）に関する待遇の相違が労契法20条にいう「不合理と認められるもの」に当たるかが争われました。

(2) 労契法20条の趣旨および要件と効力について

ア　労契法20条の趣旨について

本判決は，労契法20条について，「有期労働契約者と無期契約

労働者との間で労働条件に相違があり得ることを前提に，職務の内容，当該職務の内容および配置の変更の範囲その他の事情（以下「職務の内容等」という。）を考慮して，その相違が不合理と認められるものであってはならないとするものであり，職務の内容等の違いに応じた均衡のとれた処遇を求める規定である」と判示しました。

イ　労契法20条の要件について

①　同条にいう「期間の定めがあることにより」の意義

「『期間の定めがあることにより』とは，有期契約労働者と無期契約労働者との労働条件の相違が期間の定めの有無に関連して生じたものであることをいう」と判示しました。

②　同条にいう「不合理と認められるもの」の意義

「『不合理と認められるもの』とは，有期契約労働者と無期契約労働者との労働条件の相違が不合理であると評価できるものであることをいう」と判示しました。

ウ　効力について

「有期契約労働者と無期契約労働者との労働条件の相違が労契法20条に違反する場合であっても，同条の効力により当該有期契約労働者の労働条件が比較の対象である無期契約労働者の労働条件と同一となるものではない」と判示し，同条についていわゆる強行的直律的効力を否定し，契約社員の被った損害の賠償請求のみを認めました。

(3)　上記各手当の不合理性の判断について

ア　不合理性判断の方法について

本判決は，有期契約労働者と無期契約労働者との労働条件の相違の不合理性を賃金項目ごとに検討しました。

イ　上記各手当の不合理性の有無およびその判断の手順等について

本判決は，当該企業における「住宅手当」については，正社員

に支給し，契約社員に支給しないという労働条件の相違は同条にいう「不合理と認められるもの」に「当たらない」と判断しました。他方，当該企業における「無事故手当」，「作業手当」，「給食手当」および「皆勤手当」については，係る労働条件の相違は，同条にいう「不合理と認められるもの」に「当たる」と判断しました。また，当該企業における通勤手当については，正社員と契約社員で同手当の金額が異なるという労働条件の相違は，同条にいう「不合理と認められるもの」に「当たる」と判断しました。

本判決は，上記各手当について係る判断をするにあたり，上記各手当についてそれぞれ当該企業における当該手当の趣旨・目的を認定したうえで，それぞれ係る趣旨・目的に照らして，当該訴訟において主張立証されている諸事情を考慮するという手順で不合理性の有無を検討しているものと思われます。

例えば，無事故手当が契約社員に支給されないことの不合理性について，本判決は，同手当を「優良ドライバーの育成や健全な輸送による顧客の信頼の獲得を目的として支給されているもの」と認定した上で，同手当の係る支給目的に照らし，「安全運転及び事故防止の必要性」は，職務の内容が同じ契約社員と正社員との「間に差違が生じるものではな」く，また，係る必要性は「将来の転勤や出向をする可能性」の有無，当該企業の「中核を担う人材として登用される可能性の有無といった事情により異なるものではない」ので，そうした事情は不合理性の判断において考慮すべき事情には当たらず，「加えて，無事故手当に相違を設けることが不合理であるとの評価を妨げるその他の事情もうかがわれない」ので，契約社員に同手当を支給しないという労働条件の相違は「不合理と認められる」という趣旨を述べているのではないかと思われます。

また，本判決は，皆勤手当に関しても不合理性の判断において

同様の手順を採っていますが，その中で，「本件労働契約及び本件契約社員就業規則によれば，契約社員については」，当該企業の「業績と本人の勤務成績を考慮して昇給することがあるとされている」ことは，「昇給しないことが原則である上，皆勤の事実を考慮して昇給が行われたとの事情もうかがわれない」と判示しています。この趣旨は，実体を伴っておらず，「その他の事情」として不合理性の判断にあたって考慮されるべき事情には当たらないということなのであろうと思われます。

　なお，本判決は，住宅手当について，契約社員とは異なり，「正社員については，転居を伴う配転が予定されているため，契約社員に比較して住宅に要する費用が多額となり得る」という点を同手当に係る相違の不合理性を否定する事情としていますが，原判決が係る事情とあわせて挙げていた，正社員の福利厚生等を手厚くして有能な人材の確保・定着を図る目的については何も言及していません。しかしながら，本判決が，当該企業の住宅手当について有能な人材の確保・定着を図るという観点を否定したものではないと思われるとともに，一般論として，「有能な人材の確保・定着を図る」という事情は，特にいわゆる生活関連給に係る相違の不合理性を判断する場合には，相違の不合理性を否定する事情として重要な事情となりうるものと思われます。

3. 長澤運輸事件最高裁判決（最二小平成30年6月1日判決）

(1) 事件の概要

　長澤運輸事件では，定年後に再雇用された有期雇用社員（嘱託乗務員）と正社員との間における待遇の相違，具体的には，㋐嘱託乗務員には，正社員に支給されている能率給及び職務給が嘱託乗務員には支給されず，歩合給が支給されること，㋑嘱託乗務員には，正社員に支給される各種手当（精勤手当，住宅手当，家族手当，役付手当）が支

給されないこと，㈡嘱託乗務員の時間外手当が正社員の超過手当に比べて低く計算されていること，及び㈢嘱託乗務員には，正社員と異なり賞与が支給されないことが，労契法20条にいう「不合理と認められるもの」に当たるかが争われました。

⑵　労契法20条にいう「その他の事情」と「定年後再雇用者であること」について

　本判決は，「有期契約労働者が定年退職後に再雇用された者であることは，当該有期雇用契約労働者と無期契約労働者との労働条件の相違が不合理と認められるものであるか否かの判断において，労働契約法20条にいう『その他の事情』として考慮されることになる事情に当たる」と判断しました。

⑶　労契法20条の不合理性の判断の方法について

　「有期契約労働者と無期契約労働者との個々の賃金項目に係る相違が不合理と認められるものであるか否かを判断するに当たっては，両者の賃金の総額を比較することのみによるのではなく，当該賃金項目の趣旨を個別に検討すべきものと解する」旨を判示しました。

⑷　各賃金項目についての相違の不合理性の判断について

　本判決は，嘱託乗務員と正社員との間の上記各賃金項目に係る労働条件の相違が労契法20条にいう不合理と認められるかについて，要旨，次のとおり判断しました。

　ア　嘱託乗務員に対し能率給および職務給が支給されないこと等について

　　　本判決は，有期契約労働者（嘱託乗務員）に対して無期契約労働者（正社員）に支給される能率給および職務給が支給されず，歩合給が支給されるという労働条件の相違について，「両者の職務の内容ならびに当該職務の内容及び配置の変更の範囲が同一である場合」であっても，次の各事情の下においては，労契法20条にいう「不合理と認められるもの」には「当たらない」と判示し

ました。

① 有期契約労働者（嘱託乗務員）の基本賃金の額は，当該有期契約労働者の定年退職時における基本給の額を上回っている。

② 有期契約労働者の歩合給および無期契約労働者の能率給の額は，いずれも職種に応じた係数を乗務員の月稼働額に乗ずる方法によって計算するものとされ，嘱託乗務員の歩合給に係る係数は，正社員の能率給に係る係数の約2倍から約3倍に設定されている。

③ 当該企業は，労働組合との団体交渉を経て，嘱託乗務員の基本賃金を増額し，歩合給に係る係数の一部を嘱託乗務員の有利に変更している。

④ 当該企業は，嘱託乗務員について正社員と異なる賃金体系を採用するに当たり，職種に応じて額が定められる職務給を支給しない代わりに，基本賃金の額を定年退職時の基本給の水準以上とすることによって収入の安定に配慮するとともに，歩合給に係る係数を能率給よりも高く設定することによって労務の成果が賃金に反映されやすくなるように工夫しているということができる。

⑤ 嘱託乗務員の基本賃金および歩合給を合計した金額並びに正社員の基本給，能率給および職務給を合計した金額を計算すると，前者の金額は後者の金額より少ないが，その差は，当該嘱託乗務員らそれぞれ，約12％，10％，2％にとどまっている。

⑥ 嘱託乗務員は定年後再雇用者であり，一定の要件を満たせば老齢厚生年金の支給を受けることができる上，当該企業は，団体交渉を経て，当該嘱託乗務員らの報酬比例部分の支給が開始されるまでの間，調整給の支給することとしている。

イ 各種手当（割増賃金を除く）について

本判決は，当該企業における住宅手当，家族手当及び役付手当

については，正社員に支給し，嘱託乗務員に支給しないという労働条件の相違は，労契法20条にいう「不合理と認められるもの」に「当たらない」と判断しました。他方，当該企業における精勤手当については，係る労働条件の相違は，同条にいう「不合理と認められるもの」に「当たる」と判断しました。

本判決は，上記各手当について係る判断をするにあたり，ハマキョウレックス事件最高裁判決と同じく，上記各手当についてそれぞれ当該企業における当該手当の趣旨・目的を認定したうえで，それぞれ係る趣旨・目的に照らして，当該訴訟において主張立証されている諸事情を考慮するという手順で，不合理性の有無を検討しているものと思われます。

例えば，住宅手当および家族手当について，本判決は，「その支給要件及び内容に照らせば」当該企業の住宅手当については「従業員の住宅の負担に対する補助として」，当該企業の家族手当については「従業員の家族を扶養するための生活費の補助として」，「それぞれ支給されるものである」と認定し，係る認定のもと，当該企業の「正社員には，嘱託乗務員と異なり，幅広い世代の労働者が存在し得るところ，そのような正社員について住宅費及び家族を扶養するための生活費を補助することには相応の理由があるということができ」，また，「嘱託乗務員は，正社員として勤務した後に定年退職した者であり，老齢厚生年金の支給を受けることが予定され，その報酬比例部分の支給が開始されるまでは……調整給を支給されることとなっている」といった「事情を総合考慮」した旨を判示しています。

ウ　嘱託乗務員の時間外手当が正社員の超過手当に比べて低く計算されていることについて

嘱託乗務員の時間外手当について，かかる手当の計算の基礎に正社員については精勤手当を含め，定年後再雇用の嘱託社員につ

いては精勤手当を含めないということは「不合理と認められるもの」に「当たる」と判断しました。

その理由として，当該企業が正社員に時間外手当等を支給している目的を「労働者の労働時間外労働に対して支給されたもの」と認定し，係る認定のもと，「嘱託乗務員には精勤手当を支給しないことは不合理である」との判断を踏まえ，「時間外手当の計算の基礎に精勤手当を含めないという違いは不合理」である旨を判示しました。

エ　嘱託乗務員には正社員と異なり賞与が支給されないことについて

当該企業の賞与について，定年後再雇用の嘱託社員に支給しないという労働条件の相違は，同条にいう「不合理と認められるもの」には「当たらない」と判断しました。

その理由として，嘱託乗務員は定年退職後に再雇用された者であり，定年退職に当たり退職金の支給を受けていること，老齢厚生年金の支給を受けることが予定され，その支給開始までの間，当該企業から調整給の支給を受けることが予定されていること，嘱託乗務員の賃金（年収）は定年退職前の79％程度となることが想定されるものであり，嘱託乗務員の賃金体系は嘱託乗務員の収入の安定に配慮しながら，労務の成果が賃金に反映されやすくなるように工夫した内容になっていることを総合考慮した旨を判示しました。

4．パート・有期労働法8条の「不合理」性の判断について

最高裁の上記各判決が労契法20条にいう「不合理」性の判断に関して示した不合理性の判断の手順等は，パート・有期労働法8条において，あらゆる諸事情のうち，当該待遇の性質・目的に照らして適当と認められる事情を考慮して不合理性の判断をする際の手順等としても，基本的に妥当するものと思われます。

なお，最高裁の上記各判決は，いずれも職務の内容が同一の場合のものであり，職務の内容ならびに職務の内容および配置の変更の範囲が異なる場合については，待遇差についての労契法20条にいう「不合理」性の判断を示した最高裁判決は令和元年7月現在，いまだ出ておりません。

Q54 派遣社員への適用

働き方改革関連法によって導入された同一労働同一賃金は，派遣元事業主が雇用する派遣労働者と派遣先が雇用する通常の労働者との間の不合理な待遇差の解消も対象としていますが，派遣元事業主と派遣先に雇用される通常の労働者との間には雇用契約関係が存在しません。派遣元事業主及び派遣先は，派遣労働者と派遣先に雇用される通常の労働者との間の不合理な待遇差の解消について，どのように対応したら良いのでしょうか。

A

1．派遣労働者と派遣先の通常の労働者との間の不合理な待遇差の解消

働き方改革関連法の下，雇用形態に関わらない公正な待遇の確保を実現することを目的として，派遣労働者と派遣先の通常の労働者との間の不合理な待遇差の解消のため，派遣法は，今回の改正において，派遣労働者の待遇について，派遣先労働者との間の均等・均衡待遇（派遣法30の3①②）と労使協定による一定水準を満たす待遇（派遣法30の4①）という2つの方式を定め，派遣元事業主に対し，そのいずれかを確保することを義務づけています。

今回の派遣法の改正において，このように2つの方式を定めたのは，

派遣労働者が実際に就業する場所は派遣先であることから，派遣労働者の待遇については，派遣労働者の納得感を考慮すると，派遣先労働者の待遇との均等・均衡を図ることが重要である一方，派遣先労働者との均等・均衡を図ることで，派遣先が変わるごとに賃金水準その他待遇が変わること，また，派遣先労働者との均等・均衡を図ることはその結果として派遣労働者の段階的・体系的なキャリアアップ支援と不整合な事態を招来することもありうることを考慮したものであるとされています。

2．改正派遣法30条の3および同法30条の4第1項の定めについて

(1) 改正派遣法30条の3は，第1項において，派遣労働者と派遣先労働者との間の均衡待遇について，「派遣元事業主は，その雇用する派遣労働者の基本給，賞与その他の待遇について，当該待遇に対応する派遣先に雇用される通常の労働者の待遇との間において，当該派遣労働者及び通常の労働者の職務の内容，当該職務の内容及び配置の変更の範囲その他の事情のうち，当該待遇の性質及び当該待遇を行う目的に照らして適切と認められるものを考慮して，不合理と認められる相違を設けてはならない」と定め，第2項において，派遣労働者と派遣先労働者との間の均等待遇について，「派遣元事業主は，職務の内容が派遣先に雇用される通常の労働者と同一の労働者であって，当該労働者派遣契約及び当該派遣先における慣行その他の事情からみて，当該派遣先における派遣就業が終了するまでの全期間において，その職務の内容及び配置が当該派遣先との雇用関係が終了するまでの全期間における当該通常の労働者の職務の内容及び配置の変更の範囲と同一の範囲で変更されることが見込まれるものについては，正当な理由がなく，基本給，賞与その他の待遇のそれぞれについて，当該待遇に対応する当該通常の労働者の待遇に比して不利なものとしてはならない」と定めています。

(2) 他方，派遣法30条の４は，労使協定による一定水準を満たす待遇として，第１項本文に，「派遣元事業主は，厚生労働省令で定めるところにより，労働者の過半数で組織する労働組合」等との「書面による協定により，その雇用する派遣労働者の待遇」について，同項各号「に掲げる事項を定めたときは」，同法30条の３の規定は，教育訓練，福利厚生その他厚生労働省令に定める待遇を除き，「第１号に掲げる範囲」（その待遇が当該協定で定めるところによることとされる派遣労働者の範囲）に「属する派遣労働者の待遇については適用しない」と定め，同項但し書に，「第２号，第４号若しくは第５号に掲げる事項であって当該協定で定めたものを遵守していない場合又は第３号に関する当該協定の定めによる公正な評価に取り組んでいない場合は，この限りでない」と定めています。

3．派遣先労働者との均等・均衡方式について

(1) 派遣先労働者との均等・均衡待遇（改正派遣法30の３）

改正派遣法30条の３は，上述のとおり，第１項において，派遣労働者と派遣先の通常の労働者との間の均衡待遇を定め，また，第２項において，派遣労働者と派遣先の通常の労働者との間の均等待遇を定めました。

(2) 派遣先の措置の規定の強化（派遣法40②③）

改正前の派遣法40条は，派遣労働者と同種の業務従事する派遣先労働者に派遣先が実施する教育訓練について，派遣元事業主からの求めに応じ，派遣労働者にもこれを実施する等必要な措置を講ずること（派遣法40②）及び派遣先労働者に利用の機会を与える福利厚生施設の利用の機会について派遣労働者にも利用の機会を付与すること（派遣法40③）を，派遣先の配慮義務として定めていました。

これに対し，改正派遣法は，これらの規定を派遣先の派遣労働者に対する配慮義務を定めた規定から法的義務を定めた規定に改めました。

(3) 派遣先による派遣元事業主への情報提供
　ア　改正派遣法26条第7項から第10項について
　　　改正派遣法26条は，第7項において，「労働者派遣の役務の提
　　供を受けようとする者は」，……「労働者派遣契約を締結するに
　　当たっては，あらかじめ，派遣元事業主に対し，個性労働省令で
　　定めるところにより，当該労働者派遣に係る派遣労働者が従事す
　　る業務ごとに，比較対象労働者の賃金その他の待遇に関する情報
　　その他の厚生労働省令で定める情報を提供しなければならない」
　　旨を定め，第9項において，「派遣元事業主は，労働者派遣の役
　　務の提供を受けようとする者から第7項の規定による情報の提供
　　がないときは，当該者との間で，当該労働者派遣に係る派遣労働
　　者が従事する業務に係る労働者派遣契約を締結してはならない」
　　と定めています。
　　　なお，第7項にいう「比較対象労働者」については，同条第8
　　項において，「当該労働者派遣の役務の提供を受けようとする者
　　に雇用される通常の労働者であって，その業務の内容及び当該業
　　務に伴う責任の程度（以下「業務の内容」という。）並びに当該
　　職務の内容及び配置の変更の範囲が，当該労働者派遣に係る労働
　　者派遣と同一であると見込まれるものその他の当該派遣労働者と
　　待遇を比較すべき労働者として厚生労働省令で定めるものをい
　　う」と定義されています。
　　　また，同条は，第10項において，「派遣先は，第7項の情報の
　　提供に変更があったときは，遅滞なく，厚生労働省令で定めると
　　ころにより，派遣元事業主に対し，当該変更の内容に関する情報
　　を提供しなければならない」と定めています。
　イ　具体的な情報提供の方法と提供する情報の内容
　　　改正後の派遣法施行規則（整備令による改正後の労働者派遣事業
　　の適正な確保及び派遣労働者の保護等に関する法律施行規則（昭和61

年労働省令第20号）。以下「改正派遣法施行規則」という。）第24条
の3及び第24条の4は，比較対象労働者についての情報について，
派遣先は，書面の交付，ファクシミリ，電子メール等の方法によ
り次の内容を提供するものと定めています。

① 比較対象労働者の職務の内容，人材活用の仕組みや運用等及
び雇用形態

② 比較対象労働者を選定した理由

③ 比較対象者の待遇のそれぞれの内容（昇給，賞与その他の主
な待遇がない場合にはその旨）

④ 比較対象労働者の待遇のそれぞれ性質とその待遇を行う目的

⑤ 比較対象労働者の待遇のそれぞれを決定するに当たって考慮
した事項

4．労使協定による一定水準を満たす待遇決定方式について

(1) 一定の要件を満たす労使協定による待遇（派遣法30の4）

改正派遣法30条の4は，上述のとおり，第1項において，派遣元事
業主と過半数労働者等との間で一定の事項を定めたる労使協定を書面
で締結したときは，教育訓練，福利厚生その他厚生労働省令に定める
待遇を除き，当該労使協定に基づいて派遣労働者の待遇を決定される
旨を定めています。

(2) 労使協定に定める事項（改正派遣法30の4①各号，改正派遣則25の
10）

ア 改正派遣法30条の4第1項1号〜同項5号

改正派遣法30条の4第1項は，労使協定に定める事項を次のと
おり定め，このうち②〜⑤の事項（派遣法30の4①二〜五に掲げる
事項）を遵守していない場合には，労使協定は適用されず，派遣
先労働者との均等・均衡方式によるものと定めています。

① 労使協定の対象となる派遣労働者の範囲（派遣法30の4①一）

② 賃金の決定方法（派遣法30の4①二）

ただし，次の㋐及び㋑に該当する者に限る。

　㋐　派遣労働者が従事する業務と同種の業務に従事する一般労働者の平均的な賃金額と同等以上の賃金額となるもの

　㋑　派遣労働者の職務の内容，成果，意欲，能力又は経験等の向上があった場合に賃金（ただし，職務の内容に密接に関連して支払われる賃金以外の賃金（例えば，通勤手当，家族手当，住宅手当，別居手当，子女教育手当）を除く。）が改善されるもの

③　派遣労働者の職務の内容，成果，意欲，能力又は経験等を公正に評価して賃金を決定すること（派遣法30の4①三）

④　労使協定の対象とならない待遇や賞与以外の待遇について，派遣元事業主に雇用される通常の労働者（派遣労働者を除く。）との間で不合理な相違がないこと（派遣法30の4①四）

⑤　派遣労働者に対して計画的な教育訓練を実施すること（派遣法30の4①五）

イ　改正派遣法30条の4第1項6号（改正派遣則25の10）

改正派遣法30条の4第1項6号は，同項1号〜同項5号に掲げるもののほか，厚生労働省令で定める事項を労使協定に定めるものと定め，この規定を受けて，改正派遣法施行規則25条の10は，労使協定に定める事項として次の事項を掲げています。

⑥　労使協定の有効期間（2年以内が望ましいとされている。）

⑦　労使協定の対象となる派遣労働者を一部に限定する場合は，その理由

⑧　特段の事情がない限り，一の労働契約の期間中に派遣先の変更を理由として，労使協定の対象となる派遣労働者であるか否かを変えようとしないこと

(4)　過半数代表者の選出手続等（改正派遣則25の６）

　改正派遣法30条の４第１項柱書は，労使協定方式による場合の労使協定について，派遣元事業主と，過半数労働組合がある場合には当該労働組合，過半数労働組合がない場合には「過半数を代表する者」（過半数代表者）との間で締結する旨を定めています。

　ここにいう「過半数代表者」について，改正派遣法施行規則25条の６は，①労働基準法41条２号に規定する管理監督者でないこと，②労使協定を締結する者を選出することを明らかにして実施される投票，挙手等の民主的な方法により選手された者であって，派遣元事業主の意向に基づいて選出された者でないことのいずれにも該当する者と定めています。

　また，同施行規則25条の６は，派遣元事業主に対しては，過半数代表者等への不利益取扱いの禁止，過半数代表者が労使協定に関する事務を円滑に遂行できるよう必要な配慮を払わなければならない旨を定めています。

(5)　労使協定の周知（改正派遣法30の４②，改正派遣則25の11）

　改正派遣法30条の４第２項は，上述の「協定を締結した「派遣元事業主は，厚生労働省令に定めるところにより，当該協定をその雇用する労働者に周知しなければならない」と定め，これを受けて，改正派遣法施行規則第25条の11は，協定を労働者に周知する方法について，次のいずれかの方法によるものと定めています。

①　書面の交付等（書面の交付，労働者が希望した場合のファクシミリ，電子メール等。ただし，電子メール等は出力することにより書面を作成することができるものに限る。）

②　電子計算機に備えられたファイル，磁気ディスクその他これらに準ずるものに記録し，かつ，労働者が当該記録の内容を常時確認できるようにすること

③　常時，派遣元事業主の各事業所の見やすい場所に掲示し，又は

備え付けること（ただし，協定の概要について，上記①の方法により併せて周知する場合に限る。）

(6)　行政機関への報告（改正派遣則17③，様式11号）

　行政が労使協定の状況等を把握できる仕組みとして，改正派遣法施行規則17条3項は，労使協定を締結した派遣元事業主は，毎年度，6月30日までに提出する事業報告書に労使協定を添付しなければならない旨を定め，また，同施行規則様式11号は，労使協定の対象となる派遣労働者の職種ごとの人数，職種ごとの賃金額の平均額を報告しなければならないものとしています。

5．派遣料金の配慮義務（改正派遣法26条の11）

　改正派遣法26条の11は，「労働者派遣の役務を受けようとする者及び派遣先は，当該労働者派遣に関する料金の額について，派遣元事業主が第34条の4第1項の協定に係る労働者派遣以外の労働者派遣にあっては，第30条の3の規定，同項の協定に係る労働者派遣にあっては同項第2号から第5号までに掲げる事項に関する協定の定めを遵守することができるように配慮しなければならない」と定めています。

　この規定は，派遣元事業主は，改正派遣法30条の3及び同法30条の4の定めの履行に際して，派遣労働者の待遇改善を行うための原資が必要となることを考慮して定められたものあると解されます。

　なお，「派遣先が講ずべき措置に関する指針の一部を改正する件による改正後の派遣先が講ずべき措置に関する指針」（平成11年労働省告示第138号。以下「派遣先指針」といいます。）第2の9(2)は，係る配慮義務について，労働者派遣契約の締結及び更新の時だけに限らず，労働者派遣契約の締結及び更新の後にも引き続き求められるものとしています。

6．待遇決定方式の明示（改正派遣則18の2，派遣元指針第2の16）

改正派遣法施行規則18条の2及び派遣元指針第2の16は，派遣元事業主は，次の①及び②の事項を，原則として常時インターネットの利用により，広く関係者（特に派遣労働者）に提供しなければならない旨を定めています。

① 労使協定を締結しているか否か

② 労使協定を締結している場合には協定の対象となる派遣労働者の範囲と労使協定の有効期間の終期

–Q– 55 比較対象労働者の選定

派遣労働者の待遇に関連し，派遣先から派遣元事業主へ比較対象労働者の情報を提供することになるそうですが，比較対象労働者はどのように選べばよいですか。

A

1．比較対象労働者の意義について

改正派遣法26条は，第7項において，「労働者派遣の役務の提供を受けようとする者は」，…（中略）…「労働者派遣契約を締結するに当たっては，あらかじめ，派遣元事業主に対し，個性労働省令で定めるところにより，当該労働者派遣に係る派遣労働者が従事する業務ごとに，比較対象労働者の賃金その他の待遇に関する情報その他の厚生労働省令で定める情報を提供しなければならない」旨を定めるとともに，第7項の「比較対象労働者」について，第8項において，「当該労働者派遣の役務の提供を受けようとする者に雇用される通常の労働者であって，その業務の内容及び当該業務に伴う責任の程度（以下「業務の内容」という。）並びに当該職務の内容及び配置の変更の範囲が，当該労働者派遣に係る労働者派遣と同一であると見込まれるものその

106 第1 「働き方改革」と企業への影響

他の当該派遣労働者と待遇を比較すべき労働者として厚生労働省令で定めるものをいう」と定義しています。

　要するに，派遣先が雇用する労働者のうち，「当該派遣労働者と待遇を比較すべき労働者」が第7項の比較対象労働者に該当することになります。

2．比較対象労働者の具体的な選定方法について

　厚生労働省令は，比較対象労働者の具体的な選定方法について，派遣先において次の①～⑥の優先順位で行うものと定めています。

---

① 職務の内容及び人材活用の仕組みや運用等が同一の通常の労働者

② 職務の内容が同一の通常の労働者

③ 業務の内容又は責任の程度が同一の通常の労働者

④ 人材活用の仕組みや運用等が同じ通常の労働者

⑤ 上記①～④に相当する短期間労働者又は有期雇用労働者

⑥ 派遣労働者と同一の職務に従事させるために新たに通常の労働者を雇い入れたと仮定した場合における当該通常の労働者

-Q- 56 情報漏洩への対策

比較対象労働者についての派遣元事業主に対する情報提供にあたって情報漏洩が心配です。何か対策はあるのでしょうか。

A

　比較対象労働者についての賃金等の待遇に関する情報は，派遣先が保有する雇用する従業員の雇用関係上の個人情報（雇用情報）ですの

で，派遣先が，係る雇用情報の提供先である派遣元事業主に対し，当該雇用情報の管理に遺漏なきよう求めるのは，個人情報保護法に照らして当然のことであると思料します。

この点，派遣法は，派遣元が派遣元事業主に対し比較対象労働者についての情報提供をする際，派遣元事業主に対し比較対象労働者が誰であるかを明らかにすることまでは要求しておらず，かえって，行政通達等は，個人情報保護の観点から，比較対象労働者が特定できることにならないように配慮する必要があるとしています。

したがって，派遣先は，比較対象労働者を特定できるような個人情報については派遣元事業主に対して提供しないことができるものと思料します。

また，派遣先としては，派遣元事業主との間において，こうした雇用情報の取扱いに関する契約を結び，派遣元事業主に対し，派遣先の雇用する労働者の個人情報を取得しないこと，業務上知り得た派遣先の労働者に関する個人情報を個人情報保護法に照らして適正に管理すること等を義務付けるということも考えられます。

-Q- 57 短時間・有期雇用労働者の待遇に関する説明義務

短時間労働者に対する待遇に関する説明義務が強化されるとともに，有期雇用労働者に対する待遇に関する説明義務も定められたと聞きました。具体的にはどのようなことをすればよいのでしょうか。

A

1．概要

今般の短時間・有期雇用労働法の改正前，事業主は，短時間労働者

に対しては，雇入れ時に雇用管理上の措置の内容（賃金，教育訓練，福利厚生施設の利用等）について（パート・有期労働法1①），また，短時間労働者から求めがあった場合には，待遇決定に際しての考慮事項について（同法1②），それぞれ説明する義務を負うものとされていましたが，有期雇用労働者に対しては，法令上，有期雇用労働者の待遇に関し同様の説明義務を定めた規定はなく，原則としてそうした説明義務は負わないものと解されていました。

　短時間・有期雇用労働法の施行後は，短時間・有期雇用労働者が不合理な待遇差を感じることのないように，パート・有期労働法14条によって，事業者の短時間労働者に対する説明義務が強化される（同法14②③）とともに，有期雇用労働者に対しても同様の説明義務が課される（同法14①～③）こととなりました。

　その内容については2．で解説します。

2．説明義務の内容

(1)　雇入れ時に，雇用管理上の措置の内容を説明する義務（パート・有期労働法14①）

　事業主は，短時間・有期雇用労働者を雇入れたときは，速やかに，同法8条（不合理な待遇の禁止），9条（通常の労働者と同視すべき短時間・有期雇用労働者に対する差別的取扱いの禁止），10条（賃金），11条（教育訓練），12条（福利厚生施設），13条（通常の労働者への転換）の規定により措置を講ずべきこととされている事項（労働基準法第15条第1項に規定する厚生労働省令で定める事項及び特定事項を除く。）に関し講ずることとしている措置の内容について，当該短時間・有期雇用労働者に説明しなければなりません。

(2)　求めがあった場合に待遇決定に際しての考慮事項を説明する義務（パート・有期労働法14②）

　事業主は，短時間・有期雇用労働者から求めがあったときは，同法

6条(労働条件に関する文書の交付等），7条(就業規則の作成の手続)，8条(不合理な待遇の禁止)，9条(通常の労働者と同視すべき短時間・有期雇用労働者に対する差別的取扱いの禁止)，10条（賃金)，11条（教育訓練)，12条（福利厚生施設)，13条（通常の労働者への転換）の規定により措置を講ずべきこととされている事項に関する決定をするに当たって考慮した事項について，当該短時間・有期雇用労働者に説明しなければなりません。

(3) 求めがあった場合に通常の労働者との待遇差の内容及び理由について説明する義務（パート・有期労働法14②)

　事業主は，短時間・有期雇用労働者から求めがあったときは，当該短時間・有期雇用労働者と通常の労働者との間の待遇の相違の内容及び理由について，当該短時間・有期雇用労働者に説明しなければなりません。

　この点に関し，厚生労働省は，「事業主が講ずべき短時間労働者及び有期雇用労働者の雇用管理の改善に関する措置等に関する指針」（平成19年厚生労働省告示第326号）及びパート・有期施行通達において，通常の労働者との待遇の相違の内容及び理由の説明義務に関し，待遇差の比較の対象となる「通常の労働者」の選定方法，説明する内容及び説明の方法について，要旨，次のことを掲げています。

　ア　比較の対象となる「通常の労働者」の選定の方法について

　　(ア)　待遇の相違の内容及び理由に関する説明をする際に，比較の対象となる通常の労働者とは，「職務の内容，職務の内容及び配置の変更の範囲等が，短時間・有期雇用労働者の職務の内容，職務の内容及び配置の変更の範囲等に最も近いと事業主が判断する通常の労働者」を指しているとしています。

　　　　事業主が係る「通常の労働者」を選定するに当たっては，次の順に「近い」と判断することを基本とするとしています。

　　① 「職務の内容」並びに「職務の内容及び配置の変更の範囲」

が同一である通常の労働者

②　「職務の内容」は同一であるが，「職務の内容及び配置の変更の範囲」は同一でない通常の労働者

③　「職務の内容」のうち，「業務の内容」又は「責任の程度」が同一である通常の労働者

④　「職務の内容及び配置の変更の範囲」が同一である通常の労働者

⑤　「職務の内容」，「職務の内容及び配置の変更の範囲」がいずれも同一でない通常の労働者

　その上で，同じ区分に複数の労働者が該当する場合には，事業主がさらに絞り込むことが考えられるが，その場合には，(i)基本給の決定等において重要な要素（能力給であれば能力・経験，成果給であれば成果など）における実態，(ii)説明を求めた短時間・有期雇用労働者と同一の事務所に雇用されているかどうか，等の観点から判断することが考えられるとしています。そして，いずれの観点から絞り込むかは事業主の判断であるが，その選択した観点において，短時間・有期雇用労働者と最も近いと考える者を選定するものであることとしています。

(イ)　「通常の労働者」に関しては，例えば，①１人の通常の労働者，②複数人の通常の労働者又は雇用管理区分，③過去１年以内に雇用していた１人又は複数人の通常労働者，④通常の労働者の標準的なモデル（新入社員，勤続３年目の一般職など）を比較対象として選定することが考えられるとしています。

(ウ)　事業主は，待遇の相違の内容及び理由の説明に当たり，比較対象として選定した通常の労働者及びその選定の理由についても，説明を求めた短時間・有期雇用労働者に説明する必要があるとしています。

(エ)　個人情報保護の観点から，事業主は，説明を受けた短時間・

有期雇用労働者において，比較対象となった通常の労働者が特定できることにならないように配慮する必要があるとしています。

イ 「待遇の相違の内容の説明」について

待遇の相違の内容の説明については，①通常の労働者と短時間・有期雇用労働者との間の待遇に関する基準の相違の有無のほか，②通常の労働者及び短時間・有期雇用労働者の待遇の個別具体的な内容，または③通常の労働者及び短時間・有期雇用労働者の待遇に関する基準を説明することとしています。

㋐ 待遇の個別具体的な内容について

通常の労働者および短時間・有期雇用労働者の待遇の個別具体的な内容を説明する場合には，比較対象となる通常の労働者の選び方に応じ，次の事項を説明することとしています。

(i) 比較対象として選定した通常の労働者が1人である場合には，例えば，賃金であれば，その金額

(ii) 比較対象として選定した通常の労働者が複数人である場合には，例えば，賃金などの数量的な待遇については平均額又は上限・下限，教育訓練などの数量的でない待遇については標準的な内容又は最も高い水準・最も低い水準の内容

㋑ 待遇に関する基準について

通常の労働者および短時間・有期雇用労働者の待遇に関する基準を説明する場合には，例えば賃金であれば，賃金規程や等級表等の支給基準を説明することとし，しかも，説明を求めた短時間・有期雇用労働者が比較対象となる通常の労働者の待遇の水準を把握できるものである必要があり，「賃金は，各人の能力，経験等を考慮して総合的に決定する」等の説明では十分でないとしています。

ウ 「待遇の相違の理由の説明」について

　待遇の相違の理由の説明については，通常の労働者および短時間・有期雇用労働者の職務の内容，職務の内容及び配置の変更の範囲その他の事情のうち，待遇の性質及び待遇を行う目的に照らして適切と認められるものに基づき説明する必要があることとしています。

　具体的には，次のことを説明する必要があるとしています。

① 通常の労働者と短時間・有期雇用労働者との間で待遇に関する基準が同一である場合には，同一の基準のもとで違いが生じている理由（成果，能力，経験の違いなど）

② 通常の労働者と短時間・有期雇用労働者との間で待遇に関する基準が異なる場合には，待遇の性質・目的を踏まえ，待遇に関する基準に違いを設けている理由（職務の内容，職務の内容および配置の変更の範囲の違い，労使交渉の経緯など），及びそれぞれの基準を通常の労働者及び短時間・有期雇用労働者にどのように適用しているか。

　また，待遇の相違の理由として複数の要因がある場合には，それぞれの要因について説明する必要があるとしています。

エ 待遇の相違の内容および理由以外の事項の説明について

　通常の労働者との待遇の相違の内容および理由以外の事項に関しては，次の事項を説明することとしています。

① パート・有期労働法各条の観点から，事業主が実施している各種制度等がなぜそのような制度であるのか，または事業主が実施している各種制度等について説明を求めた短時間・有期雇用労働者にどのような理由で適用され若しくは適用されていないかを説明すること。

② パート・有期労働法10条については，職務の内容，職務の成果等のうちどの要素を勘案しているか，なぜその要素を勘案しているか，また，当該説明を求めた短時間・有期雇用労働者に

ついて当該要素をどのように勘案しているかを説明すること。

その他，パート・有期労働法14条2項による説明の範囲・程度に関し，同項による説明義務に係る各条項の規定により求められている措置の範囲内で足りるものであるが，同法11条及び12条に関し，通常の労働者についても実施していない又は利用させていない場合には，講ずべき措置がないためであることを説明する必要があることとしています。

オ　説明の方法について

短時間・有期労働者が説明内容を理解することができるよう，資料を活用し，口頭により行うことが基本であるとしています。

ただし，説明すべき事項をすべて記載した短時間・有期雇用労働者が容易に理解できる内容の資料を用いる場合には，当該資料を交付する等の方法でも差し支えないとしています（次頁＜参考＞参照）。

(4)　求めをしたことを理由とする不利益取扱いの禁止（パート・有期労働法14③）

事業主は，短時間・有期雇用労働者が同条2項の求めをしたことを理由として，当該短時間・有期雇用労働者に対して解雇その他不利益な取扱いをしてはなりません。

114　第1　「働き方改革」と企業への影響

＜参考＞説明書モデル様式

【第 14 条第 2 項の説明書の例】

年　　月　　日

殿　　事業所名称・代表者職氏名

あなたと正社員との待遇の違いの有無と内容、
理由は以下のとおりです。
ご不明な点は「相談窓口」の担当者までおたずねください。

1　比較対象となる正社員

（記入欄）

比較対象となる正社員の選定理由

（記入欄）

2　待遇の違いの有無とその内容、理由

基本給

正社員との待遇の違いの有無と、ある場合その内容	ある	ない

（記入欄）

待遇の違いがある理由

（記入欄）

賞与

待遇の目的

（記入欄）

正社員との待遇の違いの有無と、ある場合その内容	ある	ない

（記入欄）

待遇の違いがある理由

（記入欄）

手当

待遇の目的

（記入欄）

正社員との待遇の違いの有無と、ある場合その内容	ある	ない

（記入欄）

待遇の違いがある理由

（記入欄）

出典：厚生労働省「パートタイム・有期雇用労働法対応のための取組手順書」18頁

-Q- 58 派遣労働者の待遇に関する説明義務

派遣労働者に対する待遇に関する説明義務が強化されると聞きましたが，派遣元事業主及び派遣先は具体的にどのようなことをすればよいのでしょうか。

A

1 概要

今般の派遣法の改正前，派遣元事業主は，派遣労働者として雇用しようとする労働者に対し，厚生労働省令で定めるところにより，当該労働者を派遣労働者として雇用した場合における当該労働者の賃金の額の見込みその他の当該労働者の待遇に関する事項その他厚生労働省令で定める事項について（派遣法31の2①），また，雇用する派遣労働者から求めがあった場合には，待遇決定に際しての考慮事項について（派遣法31の2②），それぞれ説明する義務を負うものとされていました。

派遣法の改正後は，派遣労働者が不合理な待遇差を感じることのないように，改正後の同法31条の2によって，派遣元事業者の派遣労働者に対する説明義務が強化されることとなりました（派遣法31の2②～④）。なお，派遣労働者の待遇に対する説明義務は雇用主である派遣元事業主が負うものであり，派遣先は派遣労働者に対し係る義務を負うものではありません。

派遣元事業者の派遣労働者に対する説明義務の具体的な内容は，以下のとおりです。

2 説明義務の内容

(1) 雇入れ時における説明義務（派遣法31の2②）

派遣元事業主は，労働者を派遣労働者として雇い入れようとす

るときは，あらかじめ，当該労働者に対し，文書の交付その他厚
生労働省令で定める方法（以下「文書の交付等」といいます。）
により，次のアに掲げる事項を明示するとともに，厚生労働省令
で定めるところにより，次のイに掲げる措置の内容を説明しなけ
ればなりません。

ア　労働条件に関する事項の明示（派遣法31の2②一）

　　「労働条件に関する事項のうち，労基法15条1項に規定する
　厚生労働省令で定める事項以外のものであって，厚生労働省令
　に定めるもの」を明示しなければなりません（なお，労基法15
　条1項に規定する厚生労働省令（労基則5）で定める事項につ
　いては，同法条項に基づいて，労働契約の締結に際して明示す
　ることを要します。）。

〈文書の交付以外の明示の方法〉（派遣則25の15）

　　当該派遣労働者が希望した場合には，次のいずれかの方法
　で明示することができます。

　①　ファクシミリを利用してする送信の方法
　②　電子メール等の送信の方法

〈明示を要する事項〉（派遣則25の16）

　　派遣法31条の2第2項第1号の厚生労働省令で定める事項
　は，次のとおりです。

　①　昇給の有無
　②　退職手当の有無
　③　賞与の有無
　④　協定対象派遣労働者であるか否か（協定対象派遣労働者
　　　である場合には，当該協定の有効期間の終期）
　⑤　派遣労働者から申出を受けた苦情処理に関する事項

〈事実と異なるものを掲げることの禁止〉（派遣則25の17）

　　派遣法31条の2第1号に掲げる事項を事実と異なるものに

してはなりません。

イ　不合理な待遇差の解消のために講ずる措置の説明（派遣法31の2②二）

「派遣法30条の3，30条の4第1項及び30条の5の規定により措置を講ずべきとされている事項（労基法15条1項に規定する厚生労働省令で定める事項及び前号に掲げる事項を除きます。）に関し講ずることとしている措置の内容」を明示しなければなりません。

具体的には次のとおりです。なお，説明の方法は，書面の活用その他の適切な方法によらなければなりません（派遣則25の18）。

①　派遣先均等・均衡方式（派遣法30の3）により講ずる措置の内容

②　労使協定方式（派遣法30の4①）により講ずる措置の内容

③　職務の内容，職務の成果，意欲，能力又は経験その他の就業の実態に関する事項を勘案した賃金（ただし，ここにいう賃金は，職務の内容に密接に関連して支払われる賃金以外の賃金（通勤手当，家族手当，住宅手当，別居手当，子女教育手当等）を除く（派遣則25の13）。）の決定（派遣法30の5）の方法

(2)　派遣時における説明義務（派遣法31の2③）

派遣元事業主は，労働者派遣（派遣法30の4①の協定に係るものを除きます。）をしようとするときは，あらかじめ，労働者として雇い入れようとするときは，あらかじめ，当該労働者派遣に係る派遣労働者に対し，文書の交付等により，次のアに掲げる事項を明示するとともに，厚生労働省令で定めるところにより，次のイに掲げる措置の内容を説明しなければなりません。

ア　労働条件に関する事項の明示（同項1号）

「労基法15条1項に規定する厚生労働省令で定める事項及び前項1号に掲げる事項（厚生労働省令に掲げるものを除く。）」を明示しなければなりません。

〈文書の交付以外の明示の方法〉（派遣則25の15，25の19）

当該派遣労働者が希望した場合には，ファクシミリを利用してする送信の方法若しくは電子メール等の送信の方法のいずれかの方法で明示することができます。

ただし，労働者派遣の実施について緊急の必要があるためあらかじめ係る方法による明示ができないときには，係る方法以外の方法によることができますが，当該派遣労働者から請求があったとき又は当該労働者派遣の期間が1週間を超えるときは，当該労働者派遣の開始後遅滞なく，係る方法により，派遣法31条の4第3項1号の規定により明示すべき事項を当該派遣労働者に明示することを要します。

〈明示を要する事項〉（労基則5，派遣則25の20）

具体的には，次のとおりです（係る事項の明示とあわせて派遣法34条1項に基づいて就業条件を明示することも要します。）。なお，労使協定方式の場合には，⑥の明示が必要です。

①　賃金（退職手当及び臨時に支払われる賃金を除く。）の決定等に関する事項

②　休暇に関する事項

③　昇給の有無

④　退職手当の有無

⑤　賞与の有無

⑥　協定対象派遣労働者であるか否か（協定対象労働者である場合には，当該協定の有効期間の終期）

イ　不合理な待遇差の解消のために講ずる措置の説明（同項2号）

同条2項2号に掲げる措置の内容を明示しなければなりません。

具体的には次のとおりです。なお、説明の方法は、書面の活用その他の適切な方法によらなければなりません（派遣則25の18）。

① 派遣先均等・均衡方式（派遣法30の3）により講ずる措置の内容

② 労使協定方式（派遣法30の4①）により講ずる措置の内容（派遣法40条2項の教育訓練及び40条3項の福利厚生施設に係るものに限る。）、

③ 職務の内容、職務の成果、意欲、能力又は経験その他の就業の実態に関する事項を勘案した賃金（ただし、ここにいう賃金は、職務の内容に密接に関連して支払われる賃金以外の賃金（通勤手当、家族手当、住宅手当、別居手当、子女教育手当等）を除く（派遣則25の13）。）の決定（派遣法30の5）の方法

(3) 派遣労働者から求めがあった場合の説明義務（派遣法31の2④）

ア 派遣元事業主は、派遣労働者から求めがあったときは、当該派遣労働者に対し、当該派遣労働者と比較対象労働者との間の待遇の相違の内容および理由ならびに同法30条の3から30条の6までの規定により措置を講ずべきこととされている事項に関する決定をするに当たって考慮した事項を説明しなければなりません（なお、比較対象労働者の待遇に関する情報は、同法26条7項10項及び40条5項の規定によって派遣先から提供を受けた情報です。）。

イ 説明は、口頭で行い、その際、派遣労働者がその内容を理解することができるよう資料を活用するという方法が基本ですが、説明すべき事項を漏れなく全て記載した派遣労働者が容易

に理解できる内容の資料を用いる場合には，当該資料を交付する等の方法も認められます。

ウ　派遣先均等・均衡方式の場合および労使協定方式の場合それぞれについて説明を要する事項は，次のとおりです。

(ア)　派遣先均等・均衡方式の場合について

⑦　待遇の相違の内容について

次の①および②の事項を説明することを要します。

①　派遣労働者および比較対象労働者の待遇のそれぞれを決定するに当たって考慮した事項の相違の有無

②　派遣労働者および比較対象労働者の待遇の個別具体的な内容，または派遣労働者及び比較対象労働者の待遇の実施基準

④　待遇の相違の理由について

派遣労働者及び比較対象労働者の職務の内容，職務の内容及び配置の変更の範囲その他の事情のうち，待遇の性質及び待遇の目的に照らして適切と認められるものに基づき，待遇の相違の理由を説明しなければなりません。

(イ)　労使協定方式の場合について

⑦　協定対象派遣労働者の賃金が，①派遣労働者が従事する業務と同種の業務に従事する一般労働者の平均的な賃金と同額以上であるものとして労使協定に定めたものであり，かつ，②労使協定に定めた公正な評価に基づいて決定されたものであることについて説明しなければなりません。

④　協定対象労働者の待遇（賃金，同法40条2項の教育訓練，同条③の福利矯正施設を除く。）が派遣事業主に雇用される通常の労働者（派遣労働者を除く。）との間で不合理な相違がなく決定されていること等について，派遣先均等・均衡方式の場合の説明の内容に準じて説明しなければなり

ません。

エ　派遣先による情報提供と派遣元事業主の説明義務の関係

派遣元事業主が比較対象労働者との待遇差の内容・理由を派遣労働者に説明を行う際の当該比較対象労働者の待遇は，派遣先から提供された情報が基本となります。もっとも，場合によっては，追加的な情報が必要となる場合もあります。

また，派遣元事業主が派遣労働者の求めに応じて，比較対象労働者との間の待遇の内容の相違・理由を説明するにあたって，比較対象労働者が次の①または②であるときは，それぞれ次の事項についても説明することが必要となります。

①　比較対象労働者が短時間・有期雇用労働者であるとき

比較対象労働者と派遣先の通常の労働者の待遇との間で均衡待遇が確保されている根拠

②　比較対象労働者が新たに通常の労働者を雇い入れたと仮定した場合における当該通常の労働者であるとき

比較対象労働者と派遣先の通常の労働者の待遇との間で適切な待遇が確保されている根拠

こうしたことから，同法40条第5項に基づき，派遣先は，派遣元事業主からの求めに応じ，派遣元事業主が上記の事項を派遣労働者に対して説明することができるよう，上記の事項の根拠について情報を提供する等必要な協力をするように配慮しなければなりません（派遣先が係る配慮義務に違反した場合には都道府県労働局の助言・指導の対象となります。）。

(4)　求めをしたことを理由とする不利益取扱いの禁止（派遣法31の2⑤）

派遣元事業主は，派遣労働者が同条4項の求めをしたことを理由として，当該派遣労働者に対して解雇その他不利益な取扱いをしてはなりません。

(5) 派遣労働者から求めがない場合の派遣元事業主の対応について

派遣元事業主は，派遣労働者から求めがない場合であっても，次の事項等に変更があったときには，当該派遣労働者に対し，その内容を情報提供することが望ましいとされています。

① 比較対象労働者との間の待遇の相違の内容及び理由
② 派遣先均等・均衡方式又は労使協定方式により派遣労働者の待遇を決定するに当たって考慮した事項
③ 均衡待遇の対象となる派遣労働者の賃金を決定するに当たって考慮した派遣労働者の職務の内容，職務の成果，意欲，能力又は経験その他の就業の実態に関する事項

Q 59 派遣労働者への直接の情報提供の可否

場合によっては派遣労働者に対して，派遣先が直接情報を提供する必要があるのでしょうか。

A

派遣先は，派遣法40条5項に基づき，派遣元事業主の求めに応じ，比較対象労働者についての情報を派遣元事業主に提供するなど，必要な協力をするように配慮する義務を負っていますが，係る配慮は，派遣元事業主が派遣労働者に対して待遇差の内容・理由を説明することができるよう，派遣元事業主に対してなす配慮であって，派遣労働者に対するものではありません。

したがって，派遣法は，そもそも派遣先が派遣労働者に対し派遣元事業主を介さずに直接に比較対象労働者の情報を提供するということを想定しておらず，派遣先が派遣労働者に対して比較対象労働者についての情報を直接提供する義務を負うものではないと思料します。

なお，派遣先は，派遣法40条5項に基づく，派遣元事業主に対する

2　企業の実務への影響　123

上記の情報提供配慮義務とは別に，派遣法派遣先の社員化推進と雇用
安定措置のため，派遣法40条の5に基づき，一定の派遣労働者に対
し，社員募集情報を提供する義務を負っています。

-Q- 60 派遣労働者に関するガイドラインの内容

派遣労働者と派遣先が雇用する通常の労働者との間の
不合理な待遇差の是正について，同一労働同一賃金ガイドライ
ンには，具体的にどのような内容が示されていますか。

A

パート・有期労働法第15条第1項及び派遣法第47条の11に基づく「同
一労働同一賃金ガイドライン」は，改正派遣法が，派遣労働者と派遣
先が雇用する通常の労働者との間の不合理な待遇差の是正として，派
遣元事業主に対し，「派遣先が雇用する通常の労働者との均等・均衡
待遇」と「一定の要件を満たす労働協約による待遇」のいずれかを満
たすことを義務づけていることから，派遣労働者を労使協定の対象と
なる派遣労働者（以下「協定対象派遣労働者」という。）を除く派遣
労働者と協定対象派遣労働者とに区別し，それぞれについて待遇に関
する原則的な考え方と具体例を示しています。

その要旨は次のとおりです。

─【ガイドラインが示す派遣労働者の処遇に関する原則的な考え方】（要旨）─

Ⅰ．派遣労働者（協定対象派遣労働者を除く。）

1　基本給

(1)　基本給であって，派遣先及び派遣元事業主が，労働者の能力，
経験，業績，成果又は勤続年数に応じて支給するもの

①　派遣先に雇用される通常の労働者と同一の能力，経験，業
績，成果又は勤続年数を有する派遣労働者には，それらに応

じた部分につき，派遣先に雇用される通常の労働者と同一の基本給を支給しなければならない。

② 派遣先に雇用される通常の労働者と能力，経験，業績，成果又は勤続年数に一定の相違がある派遣労働者には，それらに応じた部分につき，その相違に応じた基本給を支給しなければならない。

③ 上記①②は，基本給とは別に，労働者の業績又は成果に応じた手当を支給する場合も同様である。

(2) 昇給であって，派遣先及び派遣元事業主が，労働者の勤続（派遣労働者にあっては，当該派遣先における派遣就業の継続）による能力の向上に応じて行うもの

① 派遣先に雇用される通常の労働者と同様に勤続により能力が向上した派遣労働者には，勤続による能力の向上に応じた部分につき，派遣先に雇用される通常の労働者と同一の昇給を行わなければならない。

② 派遣先に雇用される通常の労働者と勤続による能力の向上に一定の相違のある派遣労働者には，その相違に応じた昇給を行わなければならない。

2 賞与—賞与であって，派遣先及び派遣元事業主が，会社（派遣労働者にあっては，派遣先）の業績等への労働者の貢献に応じて支給するもの

① 派遣先に雇用される通常の労働者と同一の貢献である派遣労働者には，貢献に応じた部分につき，派遣先に雇用される通常の労働者と同一の賞与を支給しなければならない。

② 派遣先に雇用される通常の労働者と貢献に一定の相違のある派遣労働者には，その相違に応じた賞与を支給しなければならない。

3 手当

(1) 役職手当であって，派遣先及び派遣元事業主が，役職の内容に対して支給するもの

① 派遣先に雇用される通常の労働者と同一の内容の役職に就く派遣労働者には，派遣先に雇用される通常の労働者と同一の役職手当を支給しなければならない。

② 派遣先に雇用される通常の労働者と役職の内容に一定の相違がある派遣労働者には，その相違に応じた役職手当を支給しなければならない。

(2) 業務の危険度又は作業環境に応じて支給される特殊作業手当

派遣先に雇用される通常の労働者と同一の危険度又は作業環境の業務に従事する派遣労働者には，派遣先に雇用される通常の労働者と同一の特殊作業手当を支給しなければならない。

(3) 交替制勤務等の勤務形態に応じて支給される特殊勤務手当

派遣先に雇用される通常の労働者と同一の勤務形態で業務に従事する派遣労働者には，派遣先に雇用される通常の労働者と同一の特殊勤務手当を支給しなければならない。

(4) 精皆勤手当

派遣先に雇用される通常の労働者と業務の内容が同一の派遣労働者には，派遣先に雇用される通常の労働者と同一の精皆勤手当を支給しなければならない。

(5) 時間外労働に対して支給される手当

派遣先に雇用される通常の労働者の所定労働時間を超えて，当該通常の労働者と同一の時間外労働を行った派遣労働者には，当該通常の労働者の所定労働時間を超えた時間につき，派遣先に雇用される通常の労働者と同一の割増率等で，時間外労働に対して支給される手当を支給しなければならない。

(6) 深夜労働又は休日労働に対して支給される手当

派遣先に雇用される通常の労働者と同一の深夜労働又は休日

労働を行った派遣労働者には，派遣先に雇用される通常の労働者と同一の割増率等で，深夜労働又は休日労働に対して支給される手当を支給しなければならない。

(7) 通勤手当及び出張旅費

派遣労働者にも，派遣先に雇用される通常の労働者と同一の通勤手当及び出張旅費を支給しなければならない。

(8) 労働時間の途中に食事のための休憩時間がある労働者に対する食事の負担補助として支給される食事手当

派遣労働者にも，派遣先に雇用される通常の労働者と同一の食事手当を支給しなければならない。

(9) 単身赴任手当

派遣先に雇用される通常の労働者と同一の支給要件を満たす派遣労働者には，派遣先に雇用される通常の労働者と同一の単身赴任手当を支給しなければならない。

(10) 特定の地域で働く労働者に対する補償として支給される地域手当

派遣先に雇用される通常の労働者と同一の地域で働く派遣労働者には，派遣先に雇用される通常の労働者と同一の地域手当を支給しなければならない。

4 賃金の決定基準・ルールの相違がある場合の取扱い

(1) 派遣先に雇用される通常の労働者と派遣労働者との間に基本給，賞与，各種手当等の賃金に相違がある場合において，その要因として派遣先に雇用される通常の労働者と派遣労働者の賃金の決定基準・ルールの相違があるときは，「派遣労働者に対する派遣元事業主の将来の役割期待は派遣先に雇用される通常の労働者に対する派遣先の将来の役割期待が異なるため，賃金の決定基準・ルールが異なる」等の主観的又は抽象的な説明では足りない。

(2) 派遣先に雇用される通常の労働者と派遣労働者との間の賃金の決定基準・ルールの相違は，当該通常の労働者と派遣労働者の職務の内容，当該職務の内容及び配置の変更の範囲その他の事情のうち，当該待遇の性質及び当該待遇を行う目的に照らして適切と認められるものの客観的及び具体的な実態に照らして，不合理と認められるものであってはならない。

5 賃金以外の待遇

(1) 福利厚生

ア 福利厚生施設（給食施設，休憩室及び更衣室）

① 派遣先は，派遣先に雇用される通常の労働者と同一の事業所で働く派遣労働者には，派遣先に雇用される通常の労働者と同一の福利厚生施設の利用を認めなければならない。

② 派遣元事業主についても，派遣法30条の3の規定に基づく義務を免れない。

イ 転勤者住宅

派遣先に雇用される通常の労働者と同一の支給要件（例えば，転勤の有無，扶養義務の有無，住宅の賃貸又は収入の額）を満たす派遣労働者には，派遣先に雇用される通常の労働者と同一の転勤者用社宅の利用を認めなければならない。

ウ 慶弔休暇並びに健康診断に伴う勤務免除及び有給の保障

派遣労働者にも，派遣先に雇用される通常の労働者と同一の慶弔休暇の付与並びに健康診断に伴う勤務免除及び有給の保障を行わなければならない。

エ 病気休暇

③ 派遣労働者（有期の労働者派遣に係る派遣労働者である場合を除く。）には，派遣先で雇用される通常の労働者と同一の病気休暇の取得を認めなければならない。

④ 有期の労働者派遣に係る派遣労働者にも，当該派遣先に

おける派遣就業が終了するまでの期間を踏まえて，病気休暇の取得を認めなければならない。

オ　法定外の有給の休暇その他の法定外の休暇（慶弔休暇を除く。）であって，勤続期間（派遣労働者にあっては，当該派遣先における就業期間）に応じて取得を認めているもの

③　当該派遣先に雇用される通常の労働者と同一の勤続期間である派遣労働者には，派遣先に雇用される通常の労働者と同一の法定外の有給の休暇その他の法定外の休暇（慶弔休暇を除く。）を付与しなければならない。

④　当該派遣先において有期の労働者派遣契約を更新している場合には，当初の派遣就業の開始時から通算して就業期間を評価することを要する。

(2)　その他

ア　教育訓練であって，現在の職務の遂行に必要な技能又は知識を取得するために実施するもの

③　派遣先は，派遣事業主からの求めに応じ，その雇用する通常の労働者と業務の内容が同一である派遣労働者には，派遣先に雇用される通常の労働者と同一の教育訓練を実施する等必要な措置を講じなければならない。

④　派遣元事業主についても，派遣法30条の３の規定に基づく義務を免れない。

⑤　派遣労働者と派遣先に雇用される通常の労働者との間で業務の内容に一定の相違がある場合においては，派遣元事業主は，派遣労働者と派遣先に雇用される通常の労働者との間の職務の内容，職務の内容及び配置の変更の範囲その他の事情の相違に応じた教育訓練を実施しなければならない。

⑥　派遣元事業主は，派遣法30条の２第１項に基づき，派遣

労働者に対し，段階的かつ体系的な教育訓練を実施しなければならない。

イ　安全管理に関する措置又は給付

①　派遣元事業主は，派遣先に雇用される通常の労働者と同一の業務環境に置かれている派遣労働者には，派遣先に雇用される通常の労働者と同一の安全管理に関する措置及び給付をしなければならない。

②　派遣先及び派遣元事業主は，派遣法45条等の規定に基づき，派遣労働者の安全と健康を確保するための義務を履行しなければならない。

Ⅱ．協定対象派遣労働者

1　賃金

①　派遣法30条の4第1項2号イにおいて，協定対象派遣労働者の賃金の決定方法については，同種の業務に従事する一般の労働者の平均的な賃金の額として厚生労働省令に定めるものと同等以上の賃金の額となるものでなければならないこととされている。

②　同号ロにおいて，その賃金の決定の方法は，協定対象派遣労働者の職務の内容，職務の成果，意欲，能力又は経験その他の就業の実態に関する事項の向上があった場合に賃金が改善されるものでなければならないこととされている。

③　同項3号において，派遣元事業主は，この方法により賃金を決定するに当たっては，協定対象派遣労働者の職務の内容，職務の成果，意欲，能力又は経験その他の就業の実態に関する事項を公正に評価し，その賃金を決定しなければならないこととされている。

2　福利厚生

(1) 福利厚生施設（給食施設，休憩室及び更衣室）

　①　派遣先は，派遣先に雇用される通常の労働者と同一の事業所で働く協定対象派遣労働者には，派遣先に雇用される通常の労働者と同一の福利厚生施設の利用を認めなければならない。

　②　派遣元事業主についても，派遣法30条の3の規定に基づく義務を免れない。

(2) 転勤者住宅

　派遣元事業主の雇用する通常の労働者と同一の支給要件（例えば，転勤の有無，扶養義務の有無，住宅の賃貸又は収入の額）を満たす協定対象派遣労働者には，派遣元事業主の雇用する通常の労働者と同一の転勤者用社宅の利用を認めなければならない。

(3) 慶弔休暇並びに健康診断に伴う勤務免除及び有給の保障

　協定対象派遣労働者にも，派遣元事業主の雇用する通常の労働者と同一の慶弔休暇の付与並びに健康診断に伴う勤務免除及び有給の保障を行わなければならない。

(4) 病気休暇

　①　協定対象派遣労働者（有期雇用労働者である場合を除く。）には，派遣元事業主が雇用する労働者と同一の病気休暇の取得を認めなければならない。

　②　有期雇用労働者である協定対象派遣労働者にも，労働契約が終了するまでの期間を踏まえて，病気休暇の取得を認めなければならない。

(5) 法定外の有給の休暇その他の法定外の休暇（慶弔休暇を除く。）であって，勤続期間に応じて取得を認めているもの

　①　派遣元事業主が雇用する通常の労働者と同一の勤続期間である協定対象派遣労働者には，派遣元事業主が雇用する通常

の労働者と同一の法定外の有給の休暇その他の法定外の休暇
（慶弔休暇を除く。）を付与しなければならない。

② 有期の労働契約を更新している場合には，当初の労働契約
の開始時から通算して勤続期間を評価することを要する。

3 その他

(1) 教育訓練であって，現在の職務の遂行に必要な技能又は知識
を取得するために実施するもの

① 派遣先は，派遣事業主からの求めに応じ，派遣先に雇用さ
れる通常の労働者と業務の内容が同一である協定対象派遣労
働者には，派遣先に雇用される通常の労働者と同一の教育訓
練を実施する等必要な措置を講じなければならない。

② 派遣元事業主についても，派遣法30条の３の規定に基づく
義務を免れない。

③ 協定対象派遣労働者と派遣元事業主が雇用する通常の労働
者との間で業務の内容に一定の相違がある場合においては，
派遣元事業主は，協定対象派遣労働者と派遣元事業主の雇用
する通常の労働者との間の職務の内容，職務の内容及び配置
の変更の範囲その他の事情の相違に応じた教育訓練を実施し
なければならない。

④ 派遣元事業主は，派遣法30条の２第１項に基づき，協定対
象派遣労働者に対し，段階的かつ体系的な教育訓練を実施し
なければならない。

(2) 安全管理に関する措置又は給付

① 派遣元事業主は，派遣元事業主の雇用する通常の労働者と
同一の業務環境に置かれている協定対象労働者には，派遣元
事業主の雇用する通常の労働者と同一の安全管理に関する措
置及び給付をしなければならない。

② 派遣先及び派遣元事業主は，派遣法45条等の規定に基づき，

協定対象派遣労働者の安全と健康を確保するための義務を履行しなければならない。

＜11＞勤務時間インターバル制度

-Q- インターバル制度と通常の休憩との違い
61
勤務間インターバル制度にいう休息時間は，通常の休憩時間とは異なるのでしょうか。また労働者ごとに就業時間が異なっている場合は，休息時間を個別に設定する形になるのでしょうか。

A

1．勤務間インターバル制度における休息時間

　勤務間インターバル制度は，勤務終了後，一定時間以上の休息時間を設けることによって，労働者の生活時間や睡眠時間を確保するものです。働き方改革関連法に基づいて改正された労働時間等設定改善法2条に事業者の責務（努力義務）として定められました。ここにいう休息時間とは，「自動車運転者の労働時間等の改善のための基準」（平成元年労働省告示第7号。以下「改善基準」という。）に定める「休息期間」と同じく，「使用者の拘束を受けない」時間すなわち「勤務と次の勤務との間にあって，休息時間の直前の拘束時間における疲労の回復を図るとともに，睡眠時間を含む労働者の生活時間として，その処分は労働者の全く自由な判断に委ねられる時間」を意味するものと解されます。なお，ここにいう「拘束時間」とは，始業時刻から終業時刻までの使用者に拘束されているすべての時間の意味であり，通常は労働時間と休憩時間の合計時間がこれに当たります。

ちなみに，国家公務員の勤務時間に関し，かつて人事院規則15－14は休息時間についての定めを置いていましたが（旧第8条。現在は廃止），人事院規則に定められていた休息時間は，正規の勤務時間に含まれる短時間の勤務休止時間である（したがって給与が支給されます。）点で，勤務と次の勤務との間に一定時間以上確保するものとされている勤務間インターバル制度の休息時間とは異なります。

2．労働基準法に定める休憩時間

一方，休憩とは，労働者が権利として労働から離れることを保障されていることであり，従来から労働基準法34条に定められています。行政通達は，同条に定める休憩時間について，「単に作業に従事しない手待時間を含まず労働者が権利として労働から離れることを保障されている時間の意であって，その他の拘束時間は労働時間として取扱うこと」（昭和22.9.13発基第17号）としています。

3．休息時間と休憩時間の違い

(1) 設定する位置

勤務間インターバル制度に基づく休息時間と労働基準法に定める休憩時間とは，いずれも労働者が労働から解放されている時間である点は異なりませんが，休息時間は「終業から始業までの時間」すなわち1日の勤務終了後に設定されるものである（労働時間等設定改善法2）のに対し，休憩時間は始業時刻から終業時刻までの間の労働時間の途中に与えなければなりません（労基法34①）。

(2) 休憩時間は自由利用の原則と拘束時間性

休憩は，使用者は法定の休憩時間を労働者に自由に利用させなければなりません（休憩時間自由利用の原則。労働基準法34③）。もっとも，始業時刻から終業時刻までの間に与えられるものであることから，休

憩中の居場所など休憩の利用については自ずと一定の制約があり，使用者は休憩後の業務に必要な範囲で休憩の利用について制限を加えることができると解されています。

この点については，行政通達も，休憩時間の自由利用の意義について，「休憩時間の自由利用について事業場の規律保持上必要な制限を加えることは，休憩の目的を害わない限り差し支えない」（昭和22.9.13発基第17号）とし，また，「休憩時間の外出について所属長の許可を受けさせること」が同条第3項に違反するかについて，「事業場内において事由に休息し得る場合には必ずしも違法にはならない」（昭和23.10.30基発第1575号）としています。改善基準が休憩時間を拘束時間に含まれると解しているゆえんであるといえるでしょう。

(3) 休息時間の非拘束時間性

これに対し，勤務間インターバル制度における休息時間は，勤務終了後の使用者から全く拘束を受けない時間です。もとより就業場所等使用者の管理施設内にいることは使用者の許可がなければできませんが，それ以外は自宅その他どの場所にいようと原則として労働者の自由です。

(4) 設定方法

勤務間インターバル制度における休息時間と労働基準法に定める休憩時間では設定方法も異なります。

休憩時間は，原則として当該事業場において一斉に付与しなければなりません（休憩時間一斉付与の原則。労基法34②）。

これに対し，勤務間インターバルに基づく休息時間は，個々の労働者の実労働時間に合わせて個別に設定されます。

<12> その他

Q62 裁量労働制の改正について

裁量労働制については、結局、今回の働き方改革関連法の下での法改正は行われなかったのでしょうか。

A

1 裁量労働制については対象範囲拡大が検討され、第196回通常国会に提出する働き方改革関連法案において労働基準法を改正する法案が盛り込まれる予定でした。

しかしながら、諸般の事情から法案を同国会に提出する前に、同国会に提出する働き方改革関連法案から裁量労働制の拡大に関する部分が全て削除されることになり、今回の改正は見送られました。

2 なお、働き方改革関連法案において労働基準法の裁量労働制に関する規定を改正する法案として盛り込む予定であった事項は、企画業務型裁量労働制に関する次の事項等です。
(1) 企画業務型裁量労働制の対象業務の拡大（追加）
　ア　課題解決型提案営業
　イ　裁量的に企画・立案・調査・分析（PDCA）を回す業務
(2) 企画業務型裁量労働制の対象者に対する健康確保措置の充実化
(3) 企画業務型裁量労働制の手続の簡素化

Q63 パワーハラスメント防止措置の義務化

法改正により、企業はパワーハラスメントの防止措置を講じることが義務付けられるようになったのでしょうか。

A

　これまで，セクシュアルハラスメントやマタニティハラスメントについては，法律上，企業に防止措置を講じることが義務付けられていましたが，パワーハラスメントについては明文の規定が存在していませんでした。

　しかし，パワーハラスメントをめぐるトラブルは増加しており，労働者が健康に働くための良好な職場環境を整備するためには，パワーハラスメントの防止措置を講じることが，他のハラスメントの防止措置と同様に非常に重要になるものと考えられていました。

　そこで，「労働施策の総合的な推進並びに労働者の雇用の安定及び職業雇用対策法生活の充実等に関する法律」（旧雇用対策法）の改正が令和元年6月5日に公布され，「職場における優越的な関係を背景とした言動に起因する問題に関して事業主の講ずべき措置等」に関する条文が新たに制定されました（施行は公布後1年以内の政令で定める日）。

　「職場における優越的な関係を背景とした言動」がいわゆるパワーハラスメントのことを意味します。

　新設された同法30条の2は次のとおりです。

第30条の2（新設）　事業主は，職場において行われる優越的な関係を背景とした言動であつて，業務上必要かつ相当な範囲を超えたものによりその雇用する労働者の就業環境が害されることのないよう，当該労働者からの相談に応じ，適切に対応するために必要な体制の整備その他の雇用管理上必要な措置を講じなければならない。

2　事業主は，労働者が前項の相談を行つたこと又は事業主による当該相談への対応に協力した際に事実を述べたとこを理由として，当該労働者に対して解雇その他不利益な取扱いをしてはならない。

3　厚生労働大臣は，前2項の規定に基づき事業主が講ずべき措置等

に関して，その適切かつ有効な実施を図るために必要な指針（以下この条において「指針」という。）を定めるものとする。

4　厚生労働大臣は，指針を定めるに当たつては，あらかじめ，労働政策審議会の意見を聴くものとする。

5　厚生労働大臣は，指針を定めたときは，遅滞なく，これを公表するものとする。

6　前2項の規定は，指針の変更について準用する。

　同法はパワーハラスメントを，「職場において行われる優越的な関係を背景とした言動であって，業務上必要かつ相当な範囲を超えたもの」と定義し，企業は，このような言動により労働者の就業環境が害されることのないよう防止措置として，「当該労働者からの相談に応じ，適切に対応するために必要な体制の整備その他の雇用管理上必要な措置を講じなければならない」と定めています。

　国は，事業主が講ずべき措置に関する指針を策定するものとされておりますが，令和元年7月現在，まだ指針の内容は公表されていません。

　類似するものとして，セクシュアルハラスメントの防止措置に関する指針があり，パワーハラスメントの防止措置に関しても参考になるものと考えられます。

　同指針（平成18年厚生労働省告示第615号）は，セクシュアルハラスメントの防止措置について次のように定めています。

3　事業主が職場における性的な言動に起因する問題に関し雇用管理上講ずべき措置の内容

　事業主は，職場におけるセクシュアルハラスメントを防止するため，雇用管理上次の措置を講じなければならない。

(1)　事業主の方針等の明確化及びその周知・啓発

　事業主は，職場におけるセクシュアルハラスメントに関する方

針の明確化，労働者に対するその方針の周知・啓発として，次の措置を講じなければならない。

　なお，周知・啓発をするに当たっては，職場におけるセクシュアルハラスメントの防止の効果を高めるため，その発生の原因や背景について労働者の理解を深めることが重要である。その際，セクシュアルハラスメントの発生の原因や背景には，性別役割分担意識に基づく言動もあると考えられ，こうした言動をなくしていくことがセクシュアルハラスメントの防止の効果を高める上で重要であることに留意することが必要である。

イ　職場におけるセクシュアルハラスメントの内容及び職場におけるセクシュアルハラスメントがあってはならない旨の方針を明確化し，管理・監督者を含む労働者に周知・啓発すること。

（事業主の方針を明確化し，労働者に周知・啓発していると認められる例）

①　就業規則その他の職場における服務規律等を定めた文書において，職場におけるセクシュアルハラスメントがあってはならない旨の方針を規定し，当該規定と併せて，職場におけるセクシュアルハラスメントの内容及び性別役割分担意識に基づく言動がセクシュアルハラスメントの発生の原因や背景となり得ることを，労働者に周知・啓発すること。

②　社内報，パンフレット，社内ホームページ等広報又は啓発のための資料等に職場におけるセクシュアルハラスメントの内容及び性別役割分担意識に基づく言動がセクシュアルハラスメントの発生の原因や背景となり得ること並びに職場におけるセクシュアルハラスメントがあってはならない旨の方針を記載し，配布等すること。

③　職場におけるセクシュアルハラスメントの内容及び性別役割分担意識に基づく言動がセクシュアルハラスメントの発生

の原因や背景となり得ること並びに職場におけるセクシュア
ルハラスメントがあってはならない旨の方針を労働者に対し
て周知・啓発するための研修，講習等を実施すること。

ロ　職場におけるセクシュアルハラスメントに係る性的な言動を
行った者については，厳正に対処する旨の方針及び対処の内容
を就業規則その他の職場における服務規律等を定めた文書に規
定し，管理・監督者を含む労働者に周知・啓発すること。

（対処方針を定め，労働者に周知・啓発していると認められる例）

①　就業規則その他の職場における服務規律等を定めた文書に
おいて，職場におけるセクシュアルハラスメントに係る性的
な言動を行った者に対する懲戒規定を定め，その内容を労働
者に周知・啓発すること。

②　職場におけるセクシュアルハラスメントに係る性的な言動
を行った者は，現行の就業規則その他の職場における服務規
律等を定めた文書において定められている懲戒規定の適用の
対象となる旨を明確化し，これを労働者に周知・啓発すること。

(2)　相談（苦情を含む。以下同じ。）に応じ，適切に対応するため
に必要な体制の整備

事業主は，労働者からの相談に対し，その内容や状況に応じ適
切かつ柔軟に対応するために必要な体制の整備として，次の措置
を講じなければならない。

イ　相談への対応のための窓口（以下「相談窓口」という。）を
あらかじめ定めること。

（相談窓口をあらかじめ定めていると認められる例）

①　相談に対応する担当者をあらかじめ定めること。

②　相談に対応するための制度を設けること。

③　外部の機関に相談への対応を委託すること。

ロ　イの相談窓口の担当者が，相談に対し，その内容や状況に応

じ適切に対応できるようにすること。また，相談窓口においては，職場におけるセクシュアルハラスメントが現実に生じている場合だけでなく，その発生のおそれがある場合や，職場におけるセクシュアルハラスメントに該当するか否か微妙な場合であっても，広く相談に対応し，適切な対応を行うようにすること。例えば，放置すれば就業環境を害するおそれがある場合や，性別役割分担意識に基づく言動が原因や背景となってセクシュアルハラスメントが生じるおそれがある場合等が考えられる。

（相談窓口の担当者が適切に対応することができるようにしていると認められる例）

① 相談窓口の担当者が相談を受けた場合，その内容や状況に応じて，相談窓口の担当者と人事部門とが連携を図ることができる仕組みとすること。

② 相談窓口の担当者が相談を受けた場合，あらかじめ作成した留意点などを記載したマニュアルに基づき対応すること。

ハ 職場におけるセクシュアルハラスメントは，妊娠，出産等に関するハラスメント（事業主が職場における妊娠，出産等に関する言動に起因する問題に関して雇用管理上講ずべき措置についての指針（平成28年厚生労働省告示第312号）に規定する「職場における妊娠，出産等に関するハラスメント」をいう。以下同じ。），育児休業等に関するハラスメント（子の養育又は家族の介護を行い，又は行うこととなる労働者の職業生活と家庭生活との両立が図られるようにするために事業主が講ずべき措置に関する指針（平成21年厚生労働省告示第509号）に規定する「職場における育児休業等に関するハラスメント」をいう。）その他のハラスメントと複合的に生じることも想定されることから，例えば，妊娠，出産等に関するハラスメント等の相談窓口と一体的に，職場におけるセクシュアルハラスメントの相談窓

口を設置し，一元的に相談に応じることのできる体制を整備することが望ましいこと。

（一元的に相談に応じることのできる体制を整備していると認められる例）

① 相談窓口で受け付けることのできる相談として，職場におけるセクシュアルハラスメントのみならず，妊娠，出産等に関するハラスメント等も明示すること。

② 職場におけるセクシュアルハラスメントの相談窓口が妊娠，出産等に関するハラスメント等の相談窓口を兼ねること。

(3) 職場におけるセクシュアルハラスメントに係る事後の迅速かつ適切な対応事業主は，職場におけるセクシュアルハラスメントに係る相談の申出があった場合において，その事案に係る事実関係の迅速かつ正確な確認及び適正な対処として，次の措置を講じなければならない。

イ 事案に係る事実関係を迅速かつ正確に確認すること。

（事案に係る事実関係を迅速かつ正確に確認していると認められる例）

① 相談窓口の担当者，人事部門又は専門の委員会等が，相談を行った労働者（以下「相談者」という。）及び職場におけるセクシュアルハラスメントに係る性的な言動の行為者とされる者（以下「行為者」という。）の双方から事実関係を確認すること。また，相談者と行為者との間で事実関係に関する主張に不一致があり，事実の確認が十分にできないと認められる場合には，第三者からも事実関係を聴取する等の措置を講ずること。

② 事実関係を迅速かつ正確に確認しようとしたが，確認が困難な場合などにおいて，法第18条に基づく調停の申請を行うことその他中立な第三者機関に紛争処理を委ねること。

ロ　イにより，職場におけるセクシュアルハラスメントが生じた
　事実が確認できた場合においては，速やかに被害者に対する配
　慮のための措置を適正に行うこと。
　（措置を適正に行っていると認められる例）
　①　事案の内容や状況に応じ，被害者と行為者の間の関係改善
　　に向けての援助，被害者と行為者を引き離すための配置転換，
　　行為者の謝罪，被害者の労働条件上の不利益の回復，管理監
　　督者又は事業場内産業保健スタッフ等による被害者のメンタ
　　ルヘルス不調への相談対応等の措置を講ずること。
　②　法第18条に基づく調停その他中立な第三者期間の紛争解決
　　案に従った措置を被害者に対して講ずること。
ハ　イにより，職場におけるセクシュアルハラスメントが生じた
　事実が確認できた場合においては，行為者に対する措置を適正
　に行うこと。
　（措置を適正に行っていると認められる例）
　①　就業規則その他の職場における服務規律等を定めた文書に
　　おける職場におけるセクシュアルハラスメントに関する規定
　　等に基づき，行為者に対して必要な懲戒その他の措置を講ず
　　ること。あわせて事案の内容や状況に応じ，被害者と行為者
　　の間の関係改善に向けての援助，被害者と行為者を引き離す
　　ための配置転換，行為者の謝罪等の措置を講ずること。
　②　法第18条に基づく調停その他中立な第三者機関の紛争解決
　　案に従った措置を行為者に対して講ずること。
ニ　改めて職場におけるセクシュアルハラスメントに関する方針
　を周知・啓発する等の再発防止に向けた措置を講ずること。
　　なお，職場におけるセクシュアルハラスメントが生じた事実
　が確認できなかった場合においても，同様の措置を講ずること。
　（再発防止に向けた措置を講じていると認められる例）

① 職場におけるセクシュアルハラスメントがあってはならない旨の方針及び職場におけるセクシュアルハラスメントに係る性的な言動を行った者について厳正に対処する旨の方針を，社内報，パンフレット，社内ホームページ等広報又は啓発のための資料等に改めて掲載し，配布等すること。

② 労働者に対して職場におけるセクシュアルハラスメントに関する意識を啓発するための研修，講習等を改めて実施すること。

(4) (1)から(3)までの措置と併せて講ずべき措置(1)から(3)までの措置を講ずるに際しては，併せて次の措置を講じなければならない。

イ 職場におけるセクシュアルハラスメントに係る相談者・行為者等の情報は当該相談者・行為者等のプライバシーに属するものであることから，相談への対応又は当該セクシュアルハラスメントに係る事後の対応に当たっては，相談者・行為者等のプライバシーを保護するために必要な措置を講ずるとともに，その旨を労働者に対して周知すること。

(相談者・行為者等のプライバシーを保護するために必要な措置を講じていると認められる例)

① 相談者・行為者等のプライバシーの保護のために必要な事項をあらかじめマニュアルに定め，相談窓口の担当者が相談を受けた際には，当該マニュアルに基づき対応するものとすること。

② 相談者・行為者等のプライバシーの保護のために，相談窓口の担当者に必要な研修を行うこと。

③ 相談窓口においては相談者・行為者等のプライバシーを保護するために必要な措置を講じていることを，社内報，パンフレット，社内ホームページ等広報又は啓発のための資料等に掲載し，配布等すること。

ロ 労働者が職場におけるセクシュアルハラスメントに関し相談
をしたこと又は事実関係の確認に協力したこと等を理由とし
て，不利益な取扱いを行ってはならない旨を定め，労働者に周
知・啓発すること。
（不利益な取扱いを行ってはならない旨を定め，労働者にその
周知・啓発することについて措置を講じていると認められる例）
① 就業規則その他の職場における職務規律等を定めた文書に
おいて，労働者が職場におけるセクシュアルハラスメントに
関し相談をしたこと，又は事実関係の確認に協力したこと等
を理由として，当該労働者が解雇等の不利益な取扱いをされ
ない旨を規定し，労働者に周知・啓発をすること。
② 社内報，パンフレット，社内ホームページ等広報又は啓発
のための資料等に，労働者が職場におけるセクシュアルハラ
スメントに関し相談をしたこと，又は事実関係の確認に協力
したこと等を理由として，当該労働者が解雇等の不利益な取
扱いをされない旨を記載し，労働者に配布等すること。

-Q- 64 民法改正の影響

働き方改革関連法以外の最近の法改正のうち，民法（債
権法）改正（賃金債権や身元保証の問題など）は，雇用関係に
どのような影響を及ぼすのでしょうか。

A

1．はじめに

「民法の一部を改正する法律」（平成29年6月22日法律第44号）が平
成29年5月26日に成立し，令和2年（2020年）4月1日から施行され

ます（以下，改正前の民法を「民法」，改正後の民法を「改正民法」といいます。）。

　この民法改正は債権関係の定め（債権法）を広く改正するものであり，労働契約に関係する事項にも及ぶものですが，そのうち人事労務関係の実務の取扱いに実質的な影響があるのは，主として，①消滅時効に関する改正，②身元保証に関する改正，③法定利率及び中間利息の控除に関する改正であると思われます。

　もっとも，労働契約に関する債権の消滅時効のうち，賃金その他の労基法上の請求権の消滅時効については，労基法115条に民法の消滅時効の定めの特則が定められているほか，賃金請求に関する付加金請求権については労基法114条但書に除斥期間が定められています。こうした労基法上の請求権の消滅時効や除斥期間の定めについても改正するか否かについては，目下，厚生労働省において議論がなされているところです。

　改正民法によって改正された事項のうち，労働契約関係に関わるものについての概要は，以下のとおりです。

2．改正民法の労働契約関係への影響

(1)　雇用

　ア　「履行の割合に応じた報酬」の規定（改正民法624の2）の創設

　　(ア)　改正民法の定め

　　　改正民法は，624条の2を新設し，「労働者は」，「使用者の責めに帰することができない事由によって労働に従事することができなくなったとき」（民法624の2一）または「雇用が履行の途中で就労したとき」（民法624の2二）「には，既にした履行の割合に応じて報酬を請求することができる」旨を定めています。

　　(イ)　民法の定めと改正点

　　　民法は，雇用契約における労働者の報酬請求権について，い

わゆる「報酬後払いの原則」（民法624①）及び「報酬期間経過後払いの原則」（民法624②）を定めていましたが，労働者が「約した労働」の一部しか履行していない場合の報酬請求については明文の定めを置いていませんでした。しかし，解釈上，履行の割合に応じた報酬請求は可能であると解されおり，改正民法624条の2は，係る解釈を明文化したものです。

イ 有期雇用契約の解除について，労働者から解除する場合の予告すべき期間を「2週間」に短縮（改正民法626②）する等の改正

(ア) 改正民法の定め

改正民法626条1項は，「雇用の期間が5年を超え，又はその終期が不確定であるときは，当事者の一方は，5年を超えた後，いつでも契約の解除をすることができる」と定め，同条2項は，「前項の規定により契約の解除をしようとする者は，使用者であるときは3か月前，労働者であるときには2か月前に，その予告をしなければならない」と定めています。

(イ) 民法の定めと改正点

民法626条1項本文は，「雇用の期間が5年を超え，又は雇用が当事者の一方若しくは第三者の終身の間継続すべきときは，当事者の一方は，5年を超えた後，いつでも契約の解除をすることができる」と定めていました。このうち，「雇用が当事者の一方若しくは第三者の終身の間継続すべきとき」という部分は，民法が労働者を終身（亡くなるまで）の長期間にわたって拘束する内容の契約を認めているように読め，表現として適切とは言い難いものでした。もっとも，労基法が適用される雇用契約については，そもそも同法14条によって期間を終身とすることは無効でした。しかし，船員法1条1項に定める船員については労基法14条の適用がなく，同居の親族のみを使用する事業および家事使用人については，労基法は適用されず（労基

116①②），上記の部分の適用があり得ました。そこで，上記の部分を削除して，「終期が不確定な雇用契約であるとき」に改めたものです。

　また，民法626条1項には，但し書として，「ただし，この期間は，商工業の見習を目的とする雇用については，10年とする」という定めがありましたが，この定めの適用場面を想定し難いうえ，見習いとはいえ10年もの雇用期間を認めることについては合理性に疑問があることから，係る但し書は削除されました。

　民法626条2項は，「前項の規定により契約の解除をしようとする者は，3か月前にその予告をしなければならない」と定めていましたが，労働者の退職までの期間を3か月も置くことは労働者に対する過度の制約であると考え，労働者については解除の予告期間を2か月に改めたものです。もっとも，上述のとおり，労基法が適用される雇用契約には労基法14条1項が適用されるので，民法626条2項が適用されるのは，労基法14条の適用が排除されている船員法1条1項に定める船員ならびに労基法の適用が排除されている同居の親族のみを使用する事業および家事使用人に限られます。

ウ　無期雇用契約の解約申入れの期間に関する改正（改正民法627②）

　(ア)　改正民法の定め

　　改正民法627条2項は，「期間によって報酬を定めた場合には，使用者からの解約の申入れは，次期以降についてすることができる。ただし，その解約の申入れは，当期の前半にしなければならない」と定め，同条3項は，「6か月以上の期間によって報酬を定めた場合には，前項の解約の申入れは，3か月前にしなければならない」と定めています。

　(イ)　民法の定めと改正点

　　民法627条2項は，期間の定めのない雇用について，「期間に

よって報酬を定めた場合には，解約の申入れは，次期以後についてすることができる。ただし，その解約申入れは，当期の前半にしなければならない」と定め，同条3項は，「6か月以上の期間によって報酬を定めた場合には，前項の解約申入れは，3か月前にしなければならない」と定めていました。

民法627条1項は，無期雇用契約について，「各当事者は，いつでも解約の申入れをすることができる。この場合においては，雇用は，解約の申入れの日から2週間を経過することによって終了する」と定めているところ，使用者による一方的な雇用契約の解約申入れすなわち「解雇」については，同項の特則である労基法20条以下の解雇予告に関する定めが適用されるのに対し，労働者による一方的な雇用契約の解約の申入れすなわち「辞職」については，こうした特則的な定めがなく，民法の規定が適用されるので，民法627条1項により，退職予定日の2週間前までにその予告をするのが原則ということになります（この点は，改正民法627条1項も同じです。）。

もっとも，例えば月給制の場合には民法627条2項の定めが適用され，例えば年俸制の場合には同条3項の定めが適用されるところ，使用者には労基法20条以下の定めが適用されることから，使用者の予告期間の方が労働者の予告期間よりも短期間となるというアンバランスが生じることがありました。

改正民法は，労働者の辞職の自由を保護する見地から，民法627条2項及び同条3項の定めについて，それぞれ「解約の申入れは」の前に，「使用者からの」という文言を加えて，使用者からの解約申し入れに検定して適用し，労働者からの解約の申入れについては，報酬の定めについての期間の有無にかかわらず，同条2項および3項を適用せず，もっぱら同条1項が適用されるものと改めました。

使用者からの解約申入れについては従前のとおりですが，使用者からの解約の申入れ（解雇）については労基法20条以下の定め（特則）が適用されるのが原則であるので，改正民法627条2項及び同条3項が適用される場面は，使用者が労基法20条以下の定めが適用されない労働者すなわち船員法1条1項にいう船員並びに労基法の適用が排除されている同居の親族のみを使用する事業及び家事使用人（労基法116①②）に対して解約の申入れをする場合に限られます。

エ　経過措置

施行日前に締結された雇用契約およびかかる契約に付随する特約については，現行の民法が適用されます（改正民法附則34①）。

(2)　保証

ア　個人根保証の拡大と身元保証契約

(ア)　改正民法の定め

改正民法は，465条の2第1項において，「一定の範囲に属する不特定の債務を主たる債務とする保証契約（以下「根保証契約」という。）であって保証人が法人でないもの（以下「個人根保証契約」という。）の保証人は，主たる債務の元本，主たる債務に関する利息，違約金，損害賠償その他その債務に従たる全てのもの及びその保証債務について約定された違約金又は損害賠償の額について，その全部に係る極度額を限度として，その履行責任を負う。」と定め，同条2項において，「個人根保証契約は，前項に規定する極度額を定めなければ，孫効力を生じない」と定めるとともに，同条3項において，「第446条第2項及び第3項の規定は，個人根保証契約における第1項に規定する極度額の定めについて準用する」と定めて，書面又は電磁式記録で極度悪を定めなければ根保証契約の効力を生じないも

のとして，個人根保証契約の保証人の責任等を定めるほか，
465条の4において個人根保証契約の確定事由について，465条
の5において保証人が法人である根保証契約の求償権について
定めています。

　改正民法では，上記のとおり，根保証契約による極度額の対
象は，個人が保証人である「一定の範囲に属する不特定の債務
を主たる債務とする保証契約」（根保証契約）一般に及ぶもの
とされています。

(イ)　民法の定めと改正点

　民法465条の2第1項は，「一定の範囲に属する不特定の債務
を主たる債務とする保証契約（以下「根保証契約」という。）
であってその債務の範囲に金銭の貸渡しまたは手形の割引を受
けることによって負担する債務（以下「貸金等債務」という。）
が含まれるもの（保証人が法人であるものを除く。以下「貸金
等根保証契約」という。）の保証人は……」と定め，個人を保
証人とする根保証契約による極度額の対象を「貸金等債務」に
限っていました。

　これに対し，改正民法は，上記のとおり，個人を保証人とす
る根保証契約における極度額の対象を「貸金等債務」に限定せ
ずに拡大するとともに，書面または電磁的記録で極度額を定め
なければ効力を生じないものとするなどの改正を行いました。

　このように民法の個人根保証契約の定めとは異なり，改正民
法においては個人根保証契約の極度額の対象が個人根保証一般
に拡大したこと（極度額の定めのない根保証契約の禁止の範囲
が拡大したこと）によって，使用者がその雇用する労働者の家
族や近親者等と結ぶ当該従業員についての「身元保証契約」に
おいても，個人根保証契約に関する改正民法の定めが適用ない
し類推適用されるものと解されます。この点を少し詳しく説明

すると，身元保証契約には大別すると「保証契約」の性質を有するものと「損害担保契約」の性質を有するものがあると解されているところ，前者については，改正民法に定める個人根保証契約に関する定めが適用されると解される一方，後者については，保証人保護の見地から，係る個人根保証契約に関する定めが類推適用されるものと解されます。

したがって，改正民法の下においては，身元保証契約は極度額の定めがないと効力を有しないと解されます（改正民法465の2②）。

(ウ) 経過措置

施行日前に締結された保証債務については，現行の民法が適用されます（改正民法附則21①）。

イ 公証人による保証意思確認の手続

(ア) 改正民法の定め

改正民法は，465条の6第1項に，「事業のために負担した貸金等債務を主たる債務とする保証契約又は主たる債務の範囲に事業のために負担する貸金等債務が含まれる根保証契約は，その契約に先立ち，その締結の日前1か月以内に作成された公正証書で保証人となろうとする者が保証債務を履行する意思を表示していなければ，その抗力を生じない」と定めるなど，事業性債務の保障に関し，個人の保証人に対する公証人による保証意思の確認の手続を定めています。

(イ) 民法の定めと改正点

民法には，事業性債務に関する公証人による保証意思確認の手続を定めた規定はなく，係る手続は改正民法によって新たに創設されたものです。

事例としてはさほど多くはないと思いますが，例えば，従業員が使用者の事業の資金繰りのための借金について債務保証を

する場合には，改正民法465条の6によって，公正証書を作成することが必要となったことから，公証人によって保証人となる者の保証意思が確認されなければならないことになりました。

(ウ)　経過措置

　保証人となろうとする者は施行日前においても前述の公正証書の作成を嘱託することができます（改正民法附則21②）。

　公証人は前述の公正証書の作成の嘱託があった場合には，施行日前においても，改正民法465条の6第2項及び465条の7の規定の例により，これを作成することができます。

(3)　危険負担

ア　改正民法の定め

　改正民法は，双務契約における危険負担に関し，債権者の危険負担に関する民法534条及び535条が削除され，債務者の危険負担等に関し，536条1項において，「当事者双方の責めに帰することができない事由によって債務を履行することができなくなったときは，債権者は，反対給付の履行を拒むことができる」と定め，同条2項において，「債権者の責めに帰すべき事由によって債務を履行することができなくなったときは，債権者は，反対給付の履行を拒むことができない。この場合において，債務者は，自己の債務を免れたことによって利益を得たときには，これを債権者に償還しなければならない。」と定めています。

イ　民法の定めと改正点

　民法は，双務契約における危険負担に関し，536条1項においていわゆる債務者主義の原則を定めるとともに，534条及び535条1項・2項において例外としていわゆる債権者主義を定めていました。

　もっとも，民法の債権者主義の定めによると，債権者に過大な

リスクを負わせてしまい。公平に失し不当な結果となることが指摘されていました。改正民法は，こうした債権者主義の問題点を考慮し，債権者主義を定めた534条及び535条を上述のとおり削除しました。

　また，民法536条１項は，危険負担の効果について「反対給付を受ける権利を有しない」と定め，反対債権が消滅するという構成を採っていました。この点について，改正民法536条１項は，上述のとおり，危険負担の効果について，「反対給付の履行を拒むことができない」と定め，その法的構成を「履行拒絶権の付与」に改めました。その結果，債権者としては，債務者の責に帰すべき事由がない場合には，契約を解除することも，反対給付の履行を拒絶することも可能であるということになりました（改正民法536①）が，債権者の責に帰すべき事由により債務の履行が不能となった場合には，履行拒絶権は生ぜず，債権者は反対給付の履行を拒絶することができないことになりました（改正民法536②）。

　もっとも，改正民法に定める双務契約の危険負担に関する定めにおいても，雇用契約において，例えば解雇事由がないにもかかわらず労働者を解雇するなど，使用者の責に帰すべき事由により労働者が労務を提供することができなくなった場合において労働者が使用者に対し賃金請求をなしうることは，民法下と同様であるし，労働者及び使用者双方に責に帰すべき事由がない場合において，労働者が労務の提供ができないときに，使用者が当該労働者に対し賃金支払義務の履行を拒絶することが可能であることも，民法下と異なりません。

ウ　経過措置

　施行日前に締結された契約に係る危険負担については現行の民法の規定が適用されます（改正民法附則30①）。

(4) 法定利率

ア　法定利率を当初年３％の変動制に変更（改正民法404）

　　改正民法は，法定利率について，404条２項において年３％と定めるとともに，同条３項〜５項においていわゆる変動制を採ることを定めています。

イ　商事法定利率を定める商法514条の削除

　　今般の改正に伴い，商事法定利率を定める商法514条は削除されました。したがって，改正民法施行後は，賃金不払いの場合の遅延利息の利率は年３％となります。

ウ　賃金の支払の確保等に関する法律に定める退職労働者の賃金に係る遅延利息の率について

　　賃金の支払の確保等に関する法律６条に定める退職労働者の賃金に係る遅延利息の利率に変更はありません。

エ　中間利息控除の明文化（改正民法417の２，722①）

　　改正民法は，債務不履行の損害賠償に係る中間利息控除について，417条の２において，「将来において取得すべき利益についての損害賠償の額を定める場合において，その利益を取得すべき時までの利息相当額を控除するときは，その損害賠償の請求権が生じた時点における法定利率により，これをする。」と定め，同条２項において，「将来において負担すべき費用についての損害賠償の額を定める場合において，その費用を負担すべき時までの利息相当額を控除するときも，前項と同様とする。」と定め，722条１項において，これを不法行為の損害賠償に準用しています。

　　係る改正民法の定めは，今般の改正により新設された定めですが，これまでの裁判実務における運用を明文化したものです。

　　もっとも，法定利率が民法404条に定める年５％から改正民法404条に定める当初年３％の変動制に変更されたことにより，現在よりもライプニッツ係数が大きくなるため，改正民法施行後は，

後遺障害逸失利益の金額が同法施行前よりも増額する結果となります。

オ　経過措置

(ア)　遅延利息について

　　施行日前に債務者が遅滞の責任を負った場合における遅延損害金を生ずべき債権に係る法定利率については現行の民法の例によります（改正民法附則17③）。

(イ)　中間利息控除について

　　改正民法417条の2の定めは，施行日前に生じた将来において取得すべき利益又は負担すべき費用についての損害賠償請求権については適用されません（改正民法附則17②）。

(5)　定型約款

　改正民法は，548条の2に定型約款に関する定めを新設しました。この点に関し，就業規則や労働契約はここにいう定型約款に該当しないと解されています。

　その理由は，改正民法548条の2に定める定型約款は，同条1項において，定型取引すなわち「ある特定の者が不特定多数の者を相手とする取引であって，その内容の全部または一部が画一的であることがその双方にとって合理的なもの」に限定されていますが，労働契約は，使用者と個別の労働者との個々の契約であり，相手方の個性を重視して行われる取引であるので，たとえ多数の者を相手方にするものであっても，「不特定の者を相手方として行う取引」ではなく，定型取引に該当しないからです。

(6)　消滅時効（労基法上の請求権の消滅時効を除く）

ア　消滅時効の起算点

　　民法170条から174条まで（職業別の短期消滅時効）及び商法

522条（商事消滅時効）は廃止されて「債権」の消滅時効の期間と起算点が単純化・統一化され，改正民法は，主観的な起算点として，「債権者が権利を行使することができることを知った時から5年間行使しないとき」（改正民法166①一），客観的な起算点として，「権利を行使することができる時から10年間行使しないとき」（改正民法166①二）を定めています。

なお，債権及び所有権以外の財産権（例えば形成権など）の消滅時効については，改正されていません（改正民法166②）。

イ　不法行為に基づく損害賠償請求権の除斥期間構成の不採用

最高裁判例は，民法724条後段に定める「20年」の期間について，除斥期間であり，適用するについて援用を要さず，援用についての信義則違反や権利濫用を論じる余地はないと解している（最一小平成元年12月21日判決）ほか，時効の中断や停止も認められないと解しているところ，改正民法は，こうした最高裁判例の解釈を踏襲せず，この20年の期間を消滅時効の期間として明示しました（改正民法724二）。

これによって，同法施行後は，この「20年」という期間を適用するためには，消滅時効の援用を必要とするものと解される一方，この期間についても，改正民法にいう時効の「完成猶予」および「更新」（改正民法147～161）（民法にいう時効の「停止」及び「中断」）がありうるほか，解釈論として，その援用について信義則違反または権利濫用を論じ得るものと思われます。

ウ　生命・身体への侵害に対する損害賠償請求権の消滅時効について

改正民法は，不法行為による損害賠償請求権の消滅時効・除斥期間（民法724）の「期間の長さ」については変更していません（ただし，短期（3年・5年）・長期（20年）いずれも消滅時効としています（改正民法724，なお同法724の2）。）。

改正民法は，上述の消滅時効の期間を原則としつつ，「生命・身体への侵害による損害賠償請求権の消滅時効」については，特則を設け，債務不履行および不法行為のいずれの場合であっても，前述の主観的な起算点から「5年」（不法行為による場合について改正民法724の2），前述の客観的な起算点から「20年」となるように定めています（債務不履行による場合について改正民法167）。

なお，自動車損害賠償保障法（自賠法）に基づく被害者の保険会社に対する損害賠償額の支払請求権（自賠法16①）および仮渡金支払請求権（自賠法17①）の各消滅時効は，現行法と同じく「3年」です。

エ　協議を行う旨の合意による時効の完成猶予について

「協議を行う旨の合意による時効の完成猶予」の制度（改正民法151）は改正民法において新たに定められた制度です。改正民法は，権利についての協議を行う旨の合意が書面（または電磁的記録）によってなされたときは，次に掲げる時のいずれか早い時までの間は，時効は完成しない旨（改正民法151①④⑤）を定めています。

①　その合意があった時から1年を経過した時

②　その合意において当事者が協議を行う期間（1年に満たないものに限る。）を定めたときは，その期間を経過した時

③　当事者の一方から相手方に対して協議の続行を拒絶する旨の通知が書面（または電磁的記録）でなされたときは，その通知の時から6か月を経過した時

また，改正民法は，上記の合意による時効の完成が猶予されている間に再度同旨の合意をした場合の効力（改正民法151②。時効の完成が猶予されなかったとすれば，時効が完成すべき時から通じて5年を超えることはできない。），上記の合意による時効の完成猶予と催告による時効の完成猶予（改正民法150）とが重ねてなされた場合の効

力関係（民法151③）についても定めています。

　なお，労働災害を巡る損害賠償等の事案においては，使用者と労働者の双方又は一方が裁判外で円満に解決することを欲しても，労働者が主張する損害賠償請求権の消滅時効の完成時期が切迫している場合には，労働者としては，主張している権利の消滅時効の完成を懸念して裁判外での交渉を行わず（または交渉中に），民事訴訟を提起せざるを得ないということがあるようです。改正民法が新設した上記制度をもってこうした事態すべてを解決できるわけではありませんが，使用者側及び労働者側の双方が労働審判制度について積極の評価をしている現状をみると，改正民法が新設した上記制度が，個別労働紛争事件の民事訴訟手続外での自主的円満解決に寄与することもあろうと思われます。

オ　経過措置

　　労災民事損害賠償請求の消滅時効に関連する範囲でいうと，改正民法は，附則において，時効に関する経過措置（改正民法附則10）を定めるとともに，不法行為等に関する経過措置（改正民法附則35）を定めています。

　　それによると，民事損害賠償請求権の消滅時効に関して改正民法が適用されるのは，同法の施行日以降に債権が生じた場合（ただし，施行日以後に債権が生じた場合であって，その原因である法律行為が施行日前になされた時を除く。）が原則です（改正民法附則10①〜④）。

　　なお，「協議を行う旨の合意による時効の完成猶予」の制度は，施行日以降に係る合意が書面（または電磁式記録）でなさた場合にのみ適用されます（改正民法附則10③）。

　　もっとも，不法行為による損害賠償請求権の消滅時効については，改正民法の施行の際に当該債権の除斥期間を経過または消滅時効が完成していない場合に限り，改正民法の規定（改正民法724

及び724の2）が適用され，それ以外については従前の民法の規定（民法724）が適用されます。

　したがって，改正民法724条2号に定める不法行為による損害賠償請求権の「20年」の時効期間については，当該債権が改正民法の施行日前に生じた場合であっても，改正民法の施行日において当該債権に関する従前の民法724条後段の「20年」の除斥期間が経過していないときには，従前の民法の除斥期間の定め（民法724後段）は適用されず，改正民法の消滅時効の定め（民法724二）が適用されることになります（改正民法附則35①）。また，改正民法724条の2に定める生命・身体への侵害に対する損害賠償請求権については，当該債権が改正民法の施行日前に生じた場合であっても，施行日において当該債権の消滅時効に関する従前の民法724条前段の「3年」の期間が経過していないときには，その消滅時効については従前の民法の規定（民法724前段）は適用されず，改正民法724条1号及び724条の2が適用され，消滅時効の期間は「5年」となります（改正民法附則35②）。

カ　改正民法の消滅時効の期間の定めが労基法に定める賃金その他の請求権の消滅時効や除斥期間にも適用されるか

　労基法に定める請求権には，労基法に消滅時効及び除斥期間の期間の定めがあり，かかる規定を改正しない限り，改正民法の消滅時効の期間の定めが雇用契約における賃金請求権など労基法に定める請求権に適用されることはありません。

　労基法に定める請求権の消滅時効及び除斥期間の定めを改正するか否かについては，令和元年7月現在，厚生労働省において検討しているところです。法理論（例えば，労基法に定める請求権の中には，法的性質が債権ではなく形成権的なものもありますし，また，付加金請求権の請求期間を除斥期間でなく消滅時効の期間に改めることは困難であるように思われます。）のみならず，政

策的にも様々な問題点を含んでいるように思います。例えば，賃金請求権の消滅時効期間が現行の2年から5年に延長されれば，中小企業をはじめとして企業経営に重大な影響を及ぼすおそれが大であると思われます。前述のとおり，自動車損害賠償保障法（自賠法）に基づく被害者の保険会社に対する損害賠償額の支払請求権（自賠法16①）及び仮渡金支払請求権（同法17①）の各消滅時効は，現行法と同じく「3年」であることをみても，労基法に定める賃金その他の請求権の消滅時効の期間を改正民法に定める消滅時効の期間に合わせなければならない論理必然性のある問題ではありません。労働者保護という観点を考慮するとしても，労基法に定める請求権の消滅時効及び除斥期間の定めの改正については，慎重であるべきであると思います。

第2

働き方改革と就業規則・労使協定への影響

1 就業規則の意義と留意点

-Q- 65 就業規則の作成と届出

就業規則の作成・届出等について注意しておくことはどんなことですか。

A

1 常時10人以上の労働者を使用する使用者には，所定の事項を記載した就業規則を作成することが義務づけられています（労基法89）。常時10人以上の労働者を使用する使用者であれば，法人格の有無にかかわらず，すなわち個人事業主であっても作成義務があることになります。

また，就業規則には，必ず記載しなければならない必要的記載事項と，そのような制度を設ける場合には記載しなければならない相対的記載事項とがあります。必要的記載事項として，始業および終業の時刻，休憩時間，休日，休暇，賃金の決定，計算，支払の方法，賃金の締切り，支払時期，昇給，退職（解雇の事由を含む。労基法89一～三）に関する事項があります。相対的記載事項として，退職手当，臨時の賃金等，最低賃金額，食費・作業用品など労働者に負担させるもの，安全・衛生，職業訓練，災害補償・業務外の傷病扶助，表彰・制裁，その他当該事業場の労働者のすべてに適用される定め（労基法89三の二～十）に関する事項があります。

これらの事項を一つの就業規則にまとめると大部になることもあり，例えば賃金に関する規程や退職手当に関する規程を本体の就業規則と切り離して別規程として設けることも出来ます。これらの別

規程も就業規則の一部を構成するものですから，次項以下で述べるような手続や届出をしなければなりません。

2 　使用者は，就業規則を作成（または変更）するにあたって当該事業場に，労働者の過半数で組織する労働組合がある場合にはその労働組合，労働者の過半数で組織する労働組合がない場合には労働者の過半数を代表する者の意見を聴かなければなりません（労基法90①）。

「意見を聴かなければならない」とは文字通り意見の聴取で協議や同意を必要とするものではありません。

過半数代表者は監督または管理の地位（労基法41②）にはないこと，選出の目的を明らかにしたうえで実施される投票，挙手等の方法による手続により選出された者であって，使用者の意向に基づき選出された者でないことを要します（労基則6の2）。

＊過半数代表者の選出については Q21，22，23参照。

過半数の分母となる労働者には，在籍しているすべての者を含みます。役員は労働者ではありませんので含まれませんが，使用人兼務役員は労働者代表にはなれないものの，使用人たる地位はありますので分母には含まれます。有期雇用契約か無期雇用契約かを問いませんし，アルバイト・嘱託社員・契約社員・臨時社員などの呼称で区別されることもありません。休業中の従業員や出向中の従業員も分母に含まれます。

なお，派遣社員は派遣元会社の従業員ですので，派遣先会社の従業員には含まれません。派遣労働者には派遣元会社の就業規則が適用されるので，派遣先会社の就業規則は適用されません。

また，令和2年（2020年）4月1日から施行されるパート・有期労働法は，パートタイム労働者について就業規則を作成（または変更）する場合は，労働基準法の定める意見聴取のほかに，パートタイム労働者の過半数を代表する者の意見を聴くように努めるべきである（パート・有期労働法7①）としていますし，有期雇用労働者

についても準用されています（パート・有期労働法7②）。

3　作成（または変更）された就業規則は行政官庁（具体的には所轄の労働基準監督署長）に過半数労働組合または労働者代表の意見を記した書面を添付して届出をしなければなりません（労基法90②）。仮にその意見が反対というものであっても，就業規則の効力には影響ありません。過半数労働組合または労働者代表が意見の表明や書面の提出を拒んだ場合には，意見を聴取したことを証明できれば受理される扱いになっています（昭23.5.11基発735号，昭23.10.23基発1575号）。例えば過半数労働組合または労働者代表に対して意見書の提出を求める書面やその催促をする書面などによって証明できるものと思われます。

　また，本社の就業規則と本社以外の事業場の就業規則が同じ内容であるものに限り，本社の所在地を管轄する労働基準監督署に就業規則一括して届出することができる制度があります。

　届け出た際に労働基準監督署から法令に違反する条項がある旨の指摘を受けることもありますが，そのまま受理されたとしても適法な就業規則であるとのお墨付きを得たことにはならないことに注意しなければなりません。

4　使用者は，就業規則を，常時各作業場の見やすい場所へ掲示し，または備え付けること，書面を労働者に交付すること，磁気テープ，磁気ディスクその他これらに準ずる物に記録し，かつ，各作業場に労働者が当該記録の内容を常時確認できる機器を設置すること（労基法106①，労基則52の2）によって，労働者に周知させなければなりません。

就業規則の効力

Q66 就業規則の効力について教えてください。

A

1 労働契約は，労働者と使用者の自主的な交渉の下で合意により成立されるという合意の原則（労契法1）を基本としつつ，労働契約を締結する場合に，就業規則が合理的な労働条件を定めていて，労働者に周知されている場合には，労働契約の内容はその就業規則で定める労働条件による（これを補充効といいます。）とされています（労契法7）。

また，労働契約の変更も，労働者と使用者との合意によるのであって，使用者が，労働者との合意によることなく就業規則を変更することによって不利益に労働条件を変更することはできません（労契法8ないし9）。

＊就業規則による労働条件の不利益変更(労契法10)についてはQ67参照。

2 また，就業規則には，就業規則で定める基準に達しない労働条件を定める労働契約はその部分については無効とする効力（これを強行的効力といいます。）と，この場合において無効となった部分は就業規則で定める基準によるという効力（これを直律的効力といいます。）があります（労契法12）。

例えば，就業規則（またはその付属規程である賃金規程）では，入社2年目の従業員の基本給は18万円と定められていた場合に，その従業員と17万円とする合意（＝労働契約）をしても，その合意（＝労働契約）は無効とされ，無効とされた基本給は就業規則により18万円とされるという効力があります。

3 就業規則は，法令または当該事業場で適用される労働協約に反してはなりません（労基法92①）。他方，かかる労働協約の適用外にあ

る労働者には，その就業規則が適用されると考えられます。この点については，労働契約法13条で，就業規則が法令または労働協約に反する場合には，その部分については，第7条，第10条，第12条の規定は，当該法令または労働協約の適用を受ける労働者との間の労働契約については適用しないと規定されています。

また，行政官庁は，法令または労働協約に抵触する就業規則の変更を命ずることができるとされています（労基法92②）。

-Q- 67 不利益変更の合理性

就業規則を労働者に不利益に変更することはできますか。

A

1 労働契約は，労働者と使用者との自主的な交渉の下で，合意により成立，変更されることが原則です（労契法1）。したがって，使用者は，労働者と合意することなく，就業規則を変更することにより，労働者の不利益に労働契約の内容である労働条件を変更することはできません（労契法9）。

　＊合意がある場合については Q68参照。

しかし，「労働条件の集合的処理，特にその統一的かつ画一的な決定を建前とする就業規則の性質からいって，当該規則条項が合理的なものであるかぎり，個々の労働者において，これに同意しないことを理由として，その適用を拒否することは許されない」（秋北バス事件・最高裁大法廷昭43.12.25民集22巻13号3459）のであり，最高裁は繰り返しこの立場を表明しています。

そこで労働契約法は，「使用者が就業規則の変更により労働条件を変更する場合において，変更後の就業規則を労働者に周知させ，かつ，就業規則の変更が，労働者の受ける不利益の程度，労働条件

の変更の必要性，変更後の就業規則の内容の相当性，労働組合等との交渉の状況その他の就業規則の変更に係る事情に照らして合理的なものであるときは，労働契約の内容である労働条件は，当該変更後の就業規則に定めるところによるものとする。」と規定しました（労契法10本文）。

2 就業規則の変更が合理的であるとはどういう場合でしょう。これは個別の具体的な事案によって判断するしかありませんが，いくつかの事例についてみておきたいと思います。

大曲市農協事件（最高裁昭63.2.16 第三小法廷判決）

　7つの農協が合併して新しく農協が新設され，新設農協は退職給与規程を新たに作成しましたが，退職金の支給倍率が旧農協のものより低いことから，一方的に労働条件を不利益に変更するもので効力を有しないとして，旧農協から新設農協に引き続いて勤務していた労働者が新設農協に対し旧農協の支給基準による退職金と新規程による退職金との差額の支払いを求めた事案です。一審は労働条件の不利益変更に合理性はあるとしましたが，二審は合理性なしと判断しました。

　最高裁は，上記の秋北バス事件の立場を踏襲しつつ，賃金，退職金など労働者にとって重要な権利，労働条件に関しては，当該条項がそのような不利益を労働者に法的に受忍させることを許容できるだけの高度の必要性に基づいた合理的な内容である場合に，その効力を生ずるとしました。

　本件では，給与額が合併に伴う給与調整等により相当程度増額されていて退職金減額の不利益はそれほど大きくないこと，新設農協における労働者相互間の格差を是正し，単一の就業規則を作成，適用しなければならない必要性が高いこと，定年延長その他関連するその他の労働条件の改善状況に照らすと変更の合理性はあるとしました。

第四銀行事件（最高裁平9.2.28 第二小法廷判決）

　従来55歳定年制の下で，勤務に耐える健康状態にある男子行員が希望すれば58歳までの定年後在職制度の適用を受けることができるという事実上の運用にあった銀行で，行員の約90％（50歳以上でも約60％）で組織される労働組合と労働協約を締結したうえ，就業規則を変更して55歳から60歳への定年延長およびこれに伴う55歳以降の賃金の引き下げを行う制度に変更したという事案です。一審は合理性なしとしましたが，二審は合理性ありと判断しました。

　最高裁は，上記の秋北バス事件の立場を踏襲しつつ，制度変更は相当の不利益はあるものの，定年延長が社会的要請となっていること，行員の高齢化や賃金制度の改正内容，労働組合と労働協約を締結したうえ行われていることから労使間の利益調整がされた結果としての合理的なものと推測できるとし，変更の合理性を認めました。

みちのく銀行事件（最高裁平12.9.7 第一小法廷判決）

　経営不振にあった地方銀行で，就業規則を変更して55才以上の管理職を専任職に移行し賃金額を40％前後引き下げたことについて，高齢の特定層に対してのみ大きな不利益を与えることは相当性を肯定できないとして変更の合理性を否定しました。

　このように合理性判断は，個々の具体的な事案によりますので，慎重に制度設計を行うことはもちろん，労働組合をはじめ多くの労働者の理解を得るように努める必要があります。

-Q- 68 不利益変更と同意

就業規則が不利益変更の場合でも同意があれば当然に拘束力がありますか。

A

1　就業規則の不利益変更に合理性がない場合であっても，労働者の同意があれば拘束力は認められますが，就業規則に定められた賃金や労働条件に関する労働者の同意の有無については，労働者の受け入れる旨の行為の有無だけではなく，不利益の内容および程度，行為に至る経緯およびその態様，労働者への情報提供または説明の内容に照らして，その行為が労働者の自由な意思に基づいてされたものと認めるに足りる合理的な理由が客観的に存在するか否かという観点からも判断されなければなりません。

2　最高裁判所は，労働契約の内容である労働条件は，労働者と使用者との個別の合意によって変更することができるものであり，このことは，就業規則に定められている労働条件を労働者に不利益に変更する場合も同様としています。また，その根拠として，合意により，労働契約の内容である労働条件を変更することができると定める労働契約法8条と，合意することなく，就業規則を変更することにより労働者の不利益に労働契約の内容である労働条件を変更することはできないと定める労働契約法9条本文（の反対解釈）をあげています（山梨県民信用組合事件・最高裁平28.2.19第二小法廷判決）。

　この事案では，一審，二審とも同意があったものとして労働者の請求を棄却しましたが，最高裁は上記の判断要素についての審理が尽くされていないとして破棄し差し戻ししました。

　なお，差戻審は，同意をするか否かについて自ら検討し判断するために必要十分な情報を与えられていたというためには，支給基準

を変更する必要性等についての情報提供や説明がされただけでは足りず，基準変更により退職金の支給につき生ずる具体的な不利益の内容や程度についても，情報提供や説明がされる必要があるとして，同意をしたとは認められないとしました。

　同じように就業規則の不利益変更と労働者の同意が問題となった事案として，3回にわたって行われた退職金減額と制度廃止が争われた協愛事件（大阪高裁平22.3.18判決）では1回目の退職金減額は有効としたものの，2回目の減額については具体的かつ明確な説明がないこと，3回目の廃止については受け入れざるを得ない客観的かつ合理的な事情が認められないなどとして，真の同意はないとした下級審判決があります。

2 働き方改革と就業規則の改訂

　ここでは具体的な就業規則の例を参照しながら見直しの際の留意点について解説していきます。

＜1＞就業規則例

第1章　総則

第1条（適用対象）

　この就業規則は，本就業規則第3条の採用手続を経て採用された○○株式会社（以下「会社」という。）の正社員（以下「社員」という。）に適用される労働条件その他の待遇を定めるものである。

> ※雇用する労働者の中に正社員のほか，パート社員，有期契約社員が存在する場合，正社員の就業規則が本則として会社に在籍する全社員に適用される形にした上で，パート社員と有期契約社員に適用される規定を特則として設けた場合，正社員とパート社員・有期契約労働者間の待遇の相違が不合理なもの（パート・有期労働法8条）とされたときに，パート社員と有期契約社員に適用される特則部分が無効とされる結果，それら社員に対して本則としての正社員の規定が適用されることになりかねません。
> そのようなことを避けるためには，パート社員，有期契約社員に対して適用される就業規則は正社員とは別に作成しておいた方がよいと考えられます（その場合，パート・有期労働法8条により待遇の相違が不合理とされたものについては，不法行為による損害賠償請求のみが認められることになります。）。

第2条（遵守義務）

　社員は，この就業規則のほか会社のルールを遵守し，上長の業務命令に従って誠実に勤務しなければならない。

第2章　採用

第3条（採用手続）

　会社は，入社を希望する者の中から選考を経て合格した者を社員として採用する。

第4条（提出書類）

1　社員として採用された者は，入社に当たって以下のものを会社に提出しなければならない。ただし，会社が提出の必要がないと判断したものは除く。

　①履歴書・職務経歴書

　②住民票記載事項証明書

　③最終学歴の卒業証明書または卒業見込み証明書

　④誓約書

　⑤身元保証書

　⑥給与所得者の扶養控除等申告書

　⑦雇用保険被保険者証

　⑧厚生年金手帳

　⑨その他会社が指定するもの

2　前項により会社に提出した書類の記載事項に変更があった場合，社員は会社に対し，速やかに当該変更事項を届け出なければならない。

3　会社は本条1項に基づき会社に提出された社員の個人情報を，社員の人事，賃金の決定および支払い，雇用保険・社会保険に関する手続のほか，雇用管理上必要な事項に使用する。

第5条（試用期間）

1　社員として採用された者については，入社日から6か月間を試用期間とし，その間の勤務状況に照らして社員として適格性を有すると認められた者を同期間満了時に本採用する。ただし，会社が認めた場合は，試用期間を短縮し，またはこれを設けないことがある。

2　試用期間中の勤務状況に照らして社員としての適格性が認められない者については，採用を取り消す。ただし，会社の判断によりさらに6か月の範囲内で試用期間を延長することがある。

3　試用期間は勤続年数に算入する。

第3章　服務規律等

第6条（人事異動）

　会社は社員に対し，業務上必要がある場合に，職種変更，配置転換，勤務地の変更等の人事異動および出向を命じることがある。

> ※出向については包括的同意で足りるとされていますが，出向により労働条件が著しく低下するような場合は出向命令権の濫用とされることがあります。

第7条（服務規律）

　社員は以下の事項を遵守して勤務しなければならない。

①会社が定める指針・諸規程・ルールを遵守し，会社の指示・命令に従って勤務すること。

②勤務を命じられた時間においては業務遂行に専念し，みだりに持ち場を離れたり他者の業務遂行を妨害したりしないこと。

③協調性をもって勤務に当たること。

④職務に関連して個人的な利益を得たり，得ようとしたりしないこと。

⑤会社の名誉・信用を傷つける行為をしないこと。

⑥会社の設備・備品を私的に使用しないこと。

⑦会社の許可を受けずに他社の役員に就任したり従業員として雇用されたりせず，また自ら事業を営まないこと。

⑧在職中および退職後においても，業務上知り得た会社および取引先・顧客の営業秘密や個人情報等の秘密情報を漏えいまたは使用しないこと。

⑨酒気を帯び，または医師に処方された以外の薬物を摂取した状態で勤務しないこと。

⑩指定された以外の場所で喫煙しないこと。

⑪パワーハラスメント，セクシュアルハラスメント，妊娠・出産・育児休業・介護休業等に関するハラスメントその他のハラスメント行為を行わないこと。

⑫事業場内に危険物を持ち込まないこと。

⑬会社の許可を受けずに業務遂行中または社内で宗教活動，政治活動その他業務に関係のない活動を行わないこと。

⑭その他会社の社員としてふさわしくない行為をしないこと。

※本条7号はいわゆる兼業・副業の禁止規定ですが，裁判例では兼業・副業の禁止が認められる範囲は制限的に解釈されており，働き方改革でも兼業・副業の普及促進を図るとされているところですので，どの範囲で兼業・副業を禁止するかは慎重に検討する必要があります。一般的には，長時間労働が発生する等会社への労務提供に支障が生じる場合や，企業秘密の漏えいのおそれ，会社の名誉・信用の毀損が生じる場合等には兼業・副業を制限することが認められると思われますが，そういった事情がない場合には兼業・副業を認めないことは違法とされる可能性があります。

第8条（所持品検査）

会社は，業務上の必要性がある場合に，社員の所持品検査を行うことができる。

第9条（欠勤，遅刻，早退）

1　社員が遅刻，早退，勤務時間中の私用外出および欠勤をする場合は，事前に上長に申し出てその承認を受けなければならない。なお，やむを得ない事由により事前に申し出ることができなかった場合は，事後速やかに届け出て承認を得なければならない。

2　傷病を理由とする欠勤が○日以上にわたる場合または会社からの指示を受けた場合，社員は会社に対して医師の診断書を提出しなければならない。この場合において，会社は社員に対し，会社の指定する医師の診断を受けさせることがある。

第10条（休職）

1　社員が以下のいずれかの事由に該当するときは，各別に定めた期間休職を命じる。

①私傷病による欠勤が連続○か月または直近○か月間で○日以上となったとき

　勤続年数○年未満　　：○か月

　勤続年数○年〜○年：○か月

　勤続年数○年〜○年：○か月

　勤続年数○年超　　　：○か月

②その他会社が必要と認めたとき：会社が必要と認めた期間

2　前項1号により休職した者が，復職後6か月以内に同一または類似の傷病により再度欠勤するに至った場合には，直ちに休職に入るものとし，休職期間は復職前の期間と通算する。

3　私傷病により休職し，休職期間が満了してもなお就業が困難と認められる場合は，休職期間満了をもって退職とする。

4　会社が認めた場合を除き，休職期間は勤続年数に算入しない。

176　第2　働き方改革と就業規則・労使協定への影響

※近年，精神疾患を理由とするものを中心として休職を繰り返す例が問題と
　なっていることに対応するものとして，本条2項のように休職の通算を規
　定しておいた方がよいと考えられます。なお，通算規定としては本条2項
　のように復職後一定期間内の同一または類似の傷病による欠勤を対象とす
　るもののほか，傷病について「同一または類似」であることを要件としな
　いものや，入社時から起算して取得することができる休職期間の上限を定
　めるものも考えられます。

第11条（復職）

1　前条1項1号により休職した後，休職期間満了までに復職を希望す
　る社員は，会社に対し，医師の診断書を添付して復職願を提出しなけ
　ればならない。

2　復職を希望する社員は，復職可能な状態であるかどうかを判断する
　ため，会社から，産業医との面談ないし会社が指定した医師の診察を
　受けることを命じられ，または主治医との面談・主治医からの情報提
　供のための同意書の提出を求められた場合，これに応じなければなら
　ない。

第12条（病者の就業禁止）

1　会社は，病毒伝ぱのおそれのある伝染性の疾病にかかった者，精神
　障害のため自傷他害のおそれがある者，心臓，腎臓，肺等の疾病で労
　働のため病勢が著しく増悪するおそれのあるものにかかった者等につ
　いては，産業医その他専門の医師の意見を聴いた上で，就業を禁止する。

第4章　労働時間・休日・休暇

第13条（労働時間）

　　社員の始業時刻は○時，終業時刻は○時とし，その途中に1時間の休
　憩時間を与える。なお，業務上の必要性がある場合は始業時刻および終

業時刻を変更することがある。

第14条（休日）

1　社員の休日は以下のとおりとする。

①土曜日・日曜日

②国民の祝日（日曜日と重なったときは翌日）

③年末年始（12月○日〜1月○日）

④その他会社が指定する日

2　業務上の必要性がある場合は，会社はあらかじめ前項の休日を他の労働日と振り替えることがある。

3　社員が休日に所定労働時間以上勤務した場合は，会社の裁量により代休を与えることがある。

※通達（昭23.5.5基発第682号，昭63.3.14基発第150号）では法定休日を特定するよう求められていますが，法律上法定休日の特定義務まではないため，本規程案では法定休日は特定していません。

※社員の請求により代休を与えるとした場合は請求がないと代休を与えられないことになりますので，本条3項では会社の判断で代休を与えられるように規定しています。

※4週間を通じて4日以上の休日を与えるとすることも可能ですが（労基法35条2項：変形休日制），その場合は就業規則においてその4週間の起算日を明らかにしておく必要があります（労基則12の2②）。

第15条（時間外・休日労働・深夜労働）

1　会社は社員に対し，所定時間外における労働または所定休日における労働を命じることがある。

2　災害その他避けることのできない事由によって，臨時の必要がある場合においては，会社は社員に対し，その必要の限度において所定時間外労働または所定休日労働を命じることがある。

178　第2　働き方改革と就業規則・労使協定への影響

　3　会社は社員に対し，深夜労働を命じることがある。

第16条（インターバル制度）

　社員の終業から始業までは9時間以上の間隔を空けるものとする。ただし，業務上特段の必要がある場合にはこの限りではない。

> ※インターバル制度は労働時間等設定改善法2条で努力義務とされているものであり，必ず採用しなければならないものではありません。
>
> ※社員の終業から始業までの時間（休息時間）の長さについては法令の定めはありませんが，時間外労働等改善助成金（勤務間インターバル導入コース）では，成果目標として休息時間数が9時間以上の勤務間インターバルに関する規定を就業規則等に定めることが挙げられています（なお，上記助成金の申請受付期限は平成30年12月3日であり，現時点では受付は締め切られています。）。
>
> ※必ず一定のインターバルを設けなければならないとすると，緊急を要する業務等に対応できなくなるおそれがありますので，業務上特段の必要がある場合にはインターバルを要しない形の規定としていますが，どのような場合をインターバルの例外とするかは各企業において十分検討していただく必要があります。

> ※第16条〜23条は制度を設ける企業のみが必要な規定です。

第17条（事業場外みなし労働時間制）

　1　社員が労働時間の全部または一部について事業場外で業務に従事した場合において，労働時間を算定し難いときは，所定労働時間労働したものとみなす。ただし，当該業務を遂行するためには通常所定労働時間を超えて労働することが必要となる場合においては，当該業務に関しては，その遂行に通常必要とされる時間労働したものとみなす。

　2　前項ただし書の場合において，当該業務に関し，当該事業場に，労働者の過半数で組織する労働組合があるときはその労働組合，労働者

の過半数で組織する労働組合がないときは労働者の過半数を代表する者との書面による協定があるときは，その協定で定める時間を同項ただし書の当該業務の遂行に通常必要とされる時間とする。

第18条（１か月以内の変形労働時間制）

会社は，毎月１日を起算日として１か月以内の一定の期間を平均し，１週間当たりの労働時間が40時間を超えない範囲内で，特定された週において40時間または特定された日において８時間を超えて社員を労働させることができる。

第19条（１年以内の変形労働時間制）

1　会社は，毎年４月１日を起算日として１年の期間を平均し，１週間当たりの労働時間が40時間を超えない範囲内において，特定された週において40時間または特定された日において８時間を超えて社員を労働させることができる。

2　第１項を適用するに当たっては，当該事業場に労働者の過半数で組織する労働組合がある場合においてはその労働組合，労働者の過半数で組織する労働組合がない場合においては労働者の過半数を代表する者との書面による協定において以下の事項を定める。

①１年以内の変形労働時間制を適用する労働者の範囲

②対象期間（その期間を平均し１週間当たりの労働時間が40時間を超えない範囲内において労働させる期間）

③特定期間（対象期間中の特に業務が繁忙な期間）

④対象期間における労働日および当該労働日ごとの労働時間（対象期間を一か月以上の期間ごとに区分することとした場合においては，当該区分による各期間のうち当該対象期間の初日の属する期間（最初の期間）における労働日および当該労働日ごとの労働時間並びに当該最初の期間を除く各期間における労働日数および総労働時間）

⑤有効期間

3　対象期間における労働日数の限度は１年当たり280日，１日の労働時間の限度は10時間，１週間の労働時間の限度は52時間とする。

　　また，対象期間において労働時間が48時間を超える週が連続する場合の週数は３以下とし，対象期間をその初日から３か月ごとに区分した各期間（３か月未満の期間を生じたときは当該期間）において，その労働時間が48時間を超える週の初日の数は３以下とする。

4　対象期間における連続して労働させる日数の限度は６日とし，特定期間として定められた期間における連続して労働させる日数の限度は１週間に１日の休日が確保できる日数とする。

5　対象期間を区分し当該区分による各期間のうち最初の期間を除く各期間における労働日数および総労働時間を定めたときは，会社は，当該各期間の初日の少なくとも30日前に，当該事業場に労働者の過半数で組織する労働組合がある場合においてはその労働組合，労働者の過半数で組織する労働組合がない場合においては労働者の過半数を代表する者の同意を得て，当該労働日数を超えない範囲内において当該各期間における労働日および当該総労働時間を超えない範囲内において当該各期間における労働日ごとの労働時間を定める。

> ※３項のうち下線部は対象期間が３か月を超える場合のみの制限です（労基則12の４③④）。

第20条（フレックスタイム制）※清算期間１か月の場合

1　会社は，始業および終業の時刻を当該社員の決定にゆだねることとした社員については，当該事業場の労働者の過半数で組織する労働組合（そのような労働組合がない場合においては労働者の過半数を代表する者）との書面による協定によりフレックスタイム制を適用し，清算期間として定められた期間を平均し１週間当たりの労働時間が40時

間を超えない範囲内において，1週間において $\boxed{40時間}$ または1日において8時間を超えて労働させることができるものとする。

2　フレックスタイム制の適用対象者は○○部所属の社員とする。ただし，業務上の必要性等に鑑みて，対象者ごとにフレックスタイム制の適用を停止することがある。

3　清算期間は毎月1日から末日までの1か月間とする。

4　清算期間における総労働時間は1か月の所定労働日数に8時間を乗じた時間とする。

5　標準となる1日の労働時間は8時間とする。

6　社員が労働しなければならない時間帯（コアタイム）は午前○時から午後○時までとする。

7　社員がその選択により労働することができる時間（フレキシブルタイム）は午前○時から午前○時までと午後○時から午後○時までとする。

8　フレックスタイム制適用者が時間外労働および休日労働を行う場合は，事前に所属長に申請し，その許可を得なければならない。

9　清算期間中の実労働時間が第4項の総労働時間に満たない場合は，不足時間分の賃金を控除する。

※1項について，1週間の所定労働日数が5日の労働者については，当該事業場の労働者の過半数で組織する労働組合（そのような労働組合がない場合においては労働者の過半数を代表する者）との書面による協定により，労働時間の限度について，当該清算期間における所定労働日数を8時間に乗じて得た時間とする旨を定めたときは，四角で囲った「40時間」を「清算期間における日数を7で除して得た数をもって第4項の総労働時間を除して得た時間」とすることができます（清算期間が1か月を超える場合も同様です。）。

※コアタイムは必ず設けなければならないものではありません。なお，一斉休憩が除外されない事業場では，コアタイム中に休憩時間を与えることとすると一斉休憩を与えることができます。

182 第2 働き方改革と就業規則・労使協定への影響

※7項のフレキシブルタイムを設けない場合，社員は時間帯の制限なく労働
　することができる時間を選択することができることとなりますが，深夜労
　働の発生を防ぎたいような場合にはフレキシブルタイムを設けるのがよい
　でしょう。
※9項について，清算期間中の労働時間が総労働時間に不足した場合に不足
　分を翌月に繰り越して清算することも可能ですが，不足時間分を繰り越し
　たことによって翌月の労働時間が法定労働時間を超えた部分については割
　増賃金の支払いが必要となります。なお，清算期間中の労働時間が総労働時
　間を超過した場合に超過分を翌月に繰り越して清算することはできません。

第20条（フレックスタイム制）※清算期間が1か月を超える場合

1　会社は，始業および終業の時刻を当該社員の決定にゆだねることと
　した社員については，当該事業場の労働者の過半数で組織する労働組
　合（そのような労働組合がない場合においては労働者の過半数を代表
　する者）との書面による協定によりフレックスタイム制を適用し，清
　算期間として定められた期間を平均し1週間当たりの労働時間が40時
　間を超えず，かつ，当該清算期間をその開始の日以後1か月ごとに区
　分した各期間（最後に1か月未満の期間を生じたときは当該期間）ご
　とに当該各期間を平均し1週間当たりの労働時間が50時間を超えない
　範囲内において，1週間において 40時間 または1日において8時間
　を超えて労働させることができるものとする。

2　フレックスタイム制の適用対象者は○○部所属の社員とする。ただ
　し，業務上の必要性等に鑑みて，対象者ごとにフレックスタイム制の
　適用を停止することがある。

3　清算期間は1月，4月，7月，10月の各1日を起算日とする3か月
　間とする。

4　清算期間における総労働時間は3か月の所定労働日数に8時間を乗
　じた時間とする。

5　標準となる１日の労働時間は８時間とする。

6　社員が労働しなければならない時間帯（コアタイム）は午前○時から午後○時までとする。

7　労働者がその選択により労働することができる時間（フレキシブルタイム）は午前○時から午前○時までと午後○時から午後○時までとする。

8　フレックスタイム制適用者が時間外労働および休日労働を行う場合は，事前に所属長に申請し，その許可を得なければならない。

9　清算期間中の実労働時間が第４項の総労働時間に満たない場合は，不足時間分の賃金を控除する。

10　会社はフレックスタイム制を適用して労働させた期間が清算期間より短い社員に対し，当該労働させた期間を平均し１週間当たり40時間を超えて労働させた部分について時間外割増賃金を支払う。

※下線部分は清算期間が１か月を超える場合における，清算期間が１か月以内のフレックスタイム制からの変更部分です。
※本条10項は改正労働基準法32条の３の２の規定に対応したものです。
※当該清算期間をその開始の日以後１か月ごとに区分した各期間（最後に１か月未満の期間を生じたときは当該期間）ごとに当該各期間を平均し１週間当たりの労働時間が50時間を超える時間がある場合，その部分に対する割増賃金は各月において支払う必要があります。

第21条（専門業務型裁量労働制）

1　会社が，業務の性質上その遂行の方法を大幅に当該業務に従事する労働者の裁量にゆだねる必要があるため，当該業務の遂行の手段および時間配分の決定等に関し会社が具体的な指示をすることが困難な業務（対象業務）に社員を就かせたときは，労使協定に定める時間労働したものとみなす。

2　会社は，労使協定で定めるところにより，対象業務に従事する労働

者の労働時間の状況に応じた当該労働者の健康および福祉を確保する
ための措置を講ずる。

3　会社は，労使協定で定めるところにより，対象業務に従事する労働
者からの苦情の処理に関する措置を当該協定で定めるところにより使
用者が講ずる。

第22条（企画業務型裁量労働制）

1　会社が，労使委員会が設置された事業場において，事業の運営に関
する事項についての企画，立案，調査および分析の業務であって，当
該業務の性質上これを適切に遂行するにはその遂行の方法を大幅に労
働者の裁量にゆだねる必要があるため，当該業務の遂行の手段および
時間配分の決定等に関し使用者が具体的な指示をしないこととする業
務（対象業務）に，本人の同意を得た上で対象業務を適切に遂行する
ための知識，経験等を有する社員を就かせたときは，労使委員会で決
議した時間労働したものとみなす。

2　会社は，労使委員会の決議で定めるところにより，対象業務に従事
する社員の労働時間の状況に応じた当該社員の健康および福祉を確保
するための措置を講ずる。

3　会社は，労使委員会の決議で定めるところにより，対象業務に従事
する社員からの苦情の処理に関する措置を講ずる。

第23条（高度プロフェッショナル制）

1　労使委員会の決議を経た上で，あらかじめ書面による同意をした社
員を○○の業務に就かせたときは，高度プロフェッショナル制の適用
対象者とし，その者に対しては労働時間，休憩，休日および深夜の割
増賃金に関する規定は適用しない。

※1項について，高度プロフェッショナル制の対象業務は，①金融工学等の知識を用いて行う金融商品の開発の業務，②金融商品のディーリング業務（資産運用の業務または有価証券の売買その他の取引の業務のうち，投資判断に基づく資産運用（指図を含む。）の業務，投資判断に基づく資産運用として行う有価証券の売買その他の取引の業務または投資判断に基づき自己の計算において行う有価証券の売買その他の取引の業務），③アナリストの業務（有価証券市場における相場等の動向または有価証券の価値等の分析，評価またはこれに基づく投資に関する助言の業務），④コンサルタントの業務（顧客の事業の運営に関する重要な事項についての調査または分析およびこれに基づく当該事項に関する考察または助言の業務），⑤新たな技術，商品または役務の研究開発の業務です。

※高度プロフェッショナル制適用に関して社員からの同意を得るに当たっては，使用者は時期・方法等の手続をあらかじめ具体的に明らかにすることが適当であるとされており，労働者本人にあらかじめ以下の事項を書面で明示することが適当であるとされています（高プロ指針）。

①高度プロフェッショナル制度の概要

②当該事業場における決議の内容

③本人同意をした場合に適用される評価制度およびこれに対応する賃金制度

④本人同意をしなかった場合の措置および処遇並びに本人同意をしなかったことに対する不利益取扱いは行ってはならないものであること

⑤本人同意の撤回ができることおよび本人同意の撤回に対する不利益取扱いは行ってはならないものであること

※本人同意の対象となる期間は，1年未満の期間の定めのある労働契約を締結している労働者については当該労働契約の期間，期間の定めのない労働契約または1年以上の期間の定めのある労働契約を締結している労働者については長くとも1年間とし，本人同意の対象となる期間を1か月未満とすることは認められないとされています（高プロ指針）。

2　高度プロフェッショナル制の適用対象者については，会社と当該対象者との書面による合意に基づいて職務内容を定めるものとし，会社から対象者に対して支払う1年間当たりの賃金の額は1,075万円以上とする。

3 会社は，労使委員会の決議に基づいて，高度プロフェッショナル制の適用対象者が事業場内にいた時間と事業場外において労働した時間との合計の時間（以下「健康管理時間」という。）を把握する措置を講ずる。

4 高度プロフェッショナル制の適用対象者に対しては，高度プロフェッショナル制の適用の開始日を起算日として，1年間を通じ104日以上，かつ，4週間を通じ4日以上の休日を与える。休日を取得する場合に当たって，対象社員は，休日取得日を明らかにしたカレンダーを会社に提出し，○か月に1回，休日の取得状況を使用者に説明するものとする。

5 高度プロフェッショナル制の適用対象者に対しては，対象者ごとに始業から24時間を経過するまでに11時間以上の継続した休息時間を確保し，かつ，午後10時から午前5時までの間において労働させる回数は1か月につき4回以内とする。

5' 高度プロフェッショナル制の適用対象者に対しては，健康管理時間の上限を，1週間当たりの健康管理時間が40時間を超えた場合におけるその超えた時間について，1か月当たり100時間（または3か月当たり240時間）とする。

5" 高度プロフェッショナル制の適用対象者に対しては，1年に1回以上の継続した2週間（対象者が請求した場合においては，1年に2回以上の継続した1週間）の休日（年次有給休暇を除く。）を与える。

5''' 1週間当たりの健康管理時間が40時間を超えた場合におけるその超えた時間が1か月当たり80時間を超えた場合または高度プロフェッショナル労働制適用対象社員から申し出があった場合は，当該対象者について健康診断を実施する。

> ※5項（選択的健康確保措置）についてはいずれかの措置をとることになります。

6 会社は，高度プロフェッショナル制の適用対象者の健康管理時間の状況に応じた当該対象労働者の健康および福祉を確保するための措置であって，当該対象労働者に対する有給休暇（年次有給休暇を除く）の付与，健康診断の実施その他の厚生労働省令で定める措置のうち労使委員会決議で定めるものを講ずる。

> ※6項（健康管理時間の状況に応じた健康確保措置）は，①法定の選択的措置（5項の4つの措置）のうち5項の措置として決議されたもの以外のいずれか，②代償休日または特別な休暇の付与，③心とからだの相談窓口の設置，④配置転換，⑤産業医の助言指導に基づく保健指導，⑥医師による面接指導のいずれかです。

7 高度プロフェッショナル制の適用対象者は，書面により申し出ることによって同制度の適用に関する同意を撤回することができる。対象社員が本人同意を撤回した場合，当該対象社員の処遇は高度プロフェッショナル制適用直前のものによるものとし，配置場所は同意撤回時の状況を踏まえて会社が決定するものとする。

8 高度プロフェッショナル制の適用対象者は，労使委員会決議で定めるところにより苦情の申し出をすることができる。

9 会社は，高度プロフェッショナル制の適用に関して同意をしなかった社員に対して解雇その他不利益な取扱いをしない。

10 健康管理時間が○時間を超えた社員については，その翌月から高度プロフェッショナル制度を適用しない。

11 以上のほか，会社は労使委員会決議で定める措置を実施するものとする。

第24条（出張）

会社は社員に対し，業務上の必要がある場合に出張を命じることがある。

第25条（宿日直）

会社は社員に対し，業務上の必要がある場合に日直または宿直を命じることがある。

第26条（年次有給休暇）

1　入社日から6か月間継続勤務し全労働日の8割以上勤務した社員に対して継続または分割した10日の年次有給休暇を与え，その後も1年間継続勤務するごとに，当該1年間において全労働日の8割以上勤務した社員に対して下表の年次有給休暇を付与する。

継続勤務	6か月	1年6か月	2年6か月	3年6か月	4年6か月	5年6か月	6年6か月以上
付与日数	10日	11日	12日	14日	16日	18日	20日

＜起算日を4月1日に統一する場合＞

1　4月1日時点で会社に在籍し，前年度に全労働日の8割以上勤務した社員に対して下表の年次有給休暇を付与する（4月1日時点で勤続年数1年未満の部分は1年に切り上げて計算し，切り上げられた部分は全労働日に勤務したものとして扱う。）。ただし，新たに採用した者が4月1日より前に6か月間継続勤務し全労働日の8割以上勤務した場合には，その時点で継続または分割した10日の年次有給休暇を与える。

勤続年数	1年	2年	3年	4年	5年	6年以上
付与日数	11日	12日	14日	16日	18日	20日

2　前項にかかわらず，週の所定労働時間が30時間未満かつ週の所定労働日数が4日以下（週以外の期間によって所定労働日数が定められている社員については年間所定労働日数が216日以下）の社員に対しては，法令の定めに基づいて年次有給休暇を比例付与する。

3　第1項の出勤率の算定に当たっては，以下の日については出勤したものとする。

①年次有給休暇を取得した日

②産前産後休業を取得した日

③育児・介護休業法に基づく育児休業および介護休業を取得した日

④業務上の負傷または疾病により療養するために休業した日

4　第1項または第2項の年次有給休暇は，社員があらかじめ請求する時季に取得させるが，社員が会社に対して年次有給休暇の取得を請求する場合には，取得日の前日までに所定の手続をとらなければならない。ただし，請求された時季に年次有給休暇を与えることが事業の正常な運営を妨げる場合においては，会社は他の時季にこれを与えることができる。

※年休を請求する場合は取得日の前日までに請求するように定めていますが，業務の都合上それよりも前に請求してもらわなければ時季変更権行使の判断ができない場合は前日より前までに請求するよう定めることも可能と考えられます。ただし，請求日よりもあまりに前の日を手続期限とした場合はその定めは無効とされる可能性があります。

5　付与日から1年以内に取得されなかった年次有給休暇は付与日から2年以内に限り繰り越して取得することができる。なお，労働者が前年度から繰り越された年次有給休暇と当該年度に付与された年次有給休暇を保有する場合において年次有給休暇の取得を請求した場合は，前年度から繰り越された年次有給休暇から取得されるものとする。

6　第1項または第2項の年次有給休暇が10日以上付与された社員については，第4項の規定にかかわらず，付与日から1年以内に，当該社

員が有する年次有給休暇日数のうち5日について，当該社員の意見を聴取した上で，適時会社があらかじめ時季を指定して取得させる。ただし，会社による時季指定があるまでに，社員自らの請求または計画年休により取得した年次有給休暇がある場合はその日数を5日から差し引いた日数について会社による時季指定を行い，社員自らの請求または計画年休により取得した年次有給休暇の日数が5日以上の社員については会社による時季指定は行わない。

7　会社が前項による年次有給休暇の時季指定を行った後に社員自らの請求または計画年休により取得した年次有給休暇が合計5日以上となった場合は，会社は当該社員の意見を聴取した上で，前項による時季指定を取り消すことがある。

※第6項，第7項は改正法で新設された使用者の時季指定による年次有給休暇取得を定めた条文です。

※比例付与により1年間について10日未満の年次有給休暇が付与される労働者については，前年度からの繰り越し分を含めれば年次有給休暇の日数が10日以上になる場合であっても，会社の時季指定により年次有給休暇を取得させる必要はないとされています。

※会社による時季指定については，半日単位での指定は認められるが，時間単位での指定は認められないとされています。

8　会社は，社員が年次有給休暇を取得した日について，平均賃金（※または所定労働時間労働した場合に支払われる通常の賃金）を支払うものとし，時間単位で年休が取得された場合には，平均賃金（※または所定労働時間労働した場合に支払われる通常の賃金）の1時間当たりの額に取得した時間数を乗じた額を支払うものとする。

※時間単位年休を認めない場合は8項の下線部は不要です。

＜半日年休を認める場合＞

年次有給休暇を半日単位で取得することを希望する社員に対しては，年○日を限度に，半日単位での取得を認める。年次有給休暇を半日単位で取得する場合の半日の単位は，午前○時から午後○時と午後○時から午後○時のいずれかとする。

> ※規定例では時間で半日の単位を時間で区切っていますが，それ以外に，午前午後といった形で区切ることも考えられます（半日単位での取得を認める場合に，厳密に1日の所定労働時間の半分とすることまでは求められていません。）。

＜時間単位年休を認める場合＞

○　会社は，当該事業場の労働者の過半数で組織する労働組合（労働者の過半数で組織する労働組合がないときは労働者の過半数を代表する者）との書面による協定の定めるところにより，年5日を限度として時間を単位として年次有給休暇を付与する。

＜計画年休を定める場合＞

○　会社は，当該事業場の労働者の過半数で組織する労働組合（労働者の過半数で組織する労働組合がないときは労働者の過半数を代表する者）との書面による協定により，社員の有する年次有給休暇日数のうち5日を超える部分について，あらかじめ時季を指定して年次有給休暇を付与することができる。

第27条（その他の休暇）

会社は社員に対し，社員からの申請により，以下の休暇を与える。ただし，第2号の慶弔休暇については，同号に定める事由が発生した日の前後○日以内に限って取得することができるものとする。

①夏期休暇（○月から○月までの間に○日）

②慶弔休暇

　社員本人の結婚の場合：○日

　社員の○親等内の親族の結婚の場合：○日

　社員の○親等内の親族が死亡した場合：○日

> ※本条で定める休暇は法令で付与されることが義務づけられているもので
> はなく，各社において任意に定めることができるものの一例です。

第28条（産前産後休業）

1　6週間（多胎妊娠の場合にあっては14週間）以内に出産する予定の女性社員が休業を請求した場合は，休業させる。

2　産後8週間を経過しない女性社員は就業させない。ただし，産後6週間を経過した女性社員が請求した場合においては，その者について医師が支障がないと認めた業務に就かせることがある。

第29条（育児時間）

　生後満1年に達しない子を養育する女性社員から請求があったときは，休憩時間のほか1日2回，1回につき30分の育児時間を与える。

第30条（生理休暇）

　生理日の就業が著しく困難な女性社員から請求があったときは，その者を生理日には就業させない。

> ※生理休暇は1日単位のほか，半日単位や時間単位で付与することも可能
> です。

第31条（育児・介護休業等）

　社員に対する育児・介護休業法に基づく育児休業，介護休業等の適用

については別に定めるところによる。

第32条 （公民権行使の保障）

社員が勤務時間中に選挙権その他公民としての権利を行使し，または公の職務を執行するために必要な時間を請求した場合，会社は必要な日数・時間の休暇を与える。ただし，会社は，権利の行使または公の職務の執行に妨げがない限り，請求された時刻を変更することができる。

第33条 （適用除外）

労働基準法41条2号に定める管理監督者または機密の事務を取り扱う者には，本就業規則中，労働時間，休憩，休日，時間外労働および休日労働に関する規定を適用しない。

第5章　賃金・退職金

第34条　社員の賃金・退職金については別に定める。

> ※賃金・退職金については各社の制度によります。ただし，第1.2<10>の同一労働同一賃金関係の問題にはご注意ください。

第6章　退職・解雇

第35条 （退職）

1　社員が以下のいずれかに該当したときは退職とする。
　①退職を願い出て会社が承認したとき
　②9条1項1号の休職期間が満了しても復職できないとき
　③満60歳に達した日の属する月の月末を迎えたとき
　④死亡したとき

⑤連絡がつかないまま30日間が経過したとき

2　前項第1号の場合において，退職を希望する社員は，退職希望日の30日前までに退職願を提出しなければならない。

3　前項第1号の退職願を提出した者は，会社の承認があるまでは担当業務を遂行し，退職までに必要な引継ぎを行わなければならない。

※本条1項3号は60歳定年制を前提とした定めとなっています。また，同号では満60歳に達した日の属する日の月末を退職日としていますが，満60歳に達した日以降であれば，当日を退職日とすることや年度末を退職日とすることも可能です。

※本条1項5号は社員が行方不明となった場合を想定した退職理由です。社員が出社せず行方不明となった場合，解雇するには公示送達が必要となってしまう可能性があることから（解雇が効力を生じるためには解雇の意思表示が社員に到達する必要がありますが，居所不明の場合は本人の自宅等に解雇予告通知を郵送したのでは社員本人に解雇の意思表示が到達したと認められず，裁判所による公示送達が必要となります。），行方不明から30日経過をもって退職したものと扱うことにしたものです。なお，解雇予告の期間が30日とされていることとの均衡上，行方不明による退職扱いに要する期間も30日以上としておいた方がよいと思われます。

第36条（再雇用）

前条1項3号により会社を定年退職する者が定年後も引き続き雇用されることを希望した場合は，本就業規則の解雇事由または退職事由（年齢に関するものを除く。）に該当する場合を除き，嘱託社員として再雇用する。嘱託社員の労働条件は別に定める。

第37条（解雇）

1　社員が以下のいずれかに該当したときは解雇する。

①勤怠状況が不良で改善の見込みがないとき

②能力が著しく劣り，改善の見込みがないとき

③協調性を欠いて業務に支障を生じさせ，改善の見込みがないとき

④心身の支障により業務に耐えられないとき

⑤試用期間満了時までに社員として不適格と認められたとき

⑥業務上の負傷または疾病が療養開始後3年を経過してもなおらず，会社が平均賃金の1200日分の打切り補償を支払ったか，社員が傷病補償年金を受け，またはこれを受けることとなったとき

⑦懲戒事由に該当し，懲戒解雇または諭旨解雇相当と認められるとき

⑧事業の運営上やむを得ないとき

⑨その他前各号に準ずる事由があるとき

2　会社は社員を解雇しようとする場合においては，少なくとも30日前にその予告をする者とし，30日前に予告をしない場合は30日分の平均賃金を解雇予告手当として支払う。ただし，予告日数は解雇予告手当を支払った日数分短縮することができる。

3　前項の規定は以下の場合には適用しない。

①天災事変その他やむを得ない事由のために事業の継続が不可能となった場合

②労働者の責に帰すべき事由に基づいて解雇する場合

③試の使用期間中の者を解雇する場合（14日を超えて引き続き雇用されるに至った者を除く。）

※解雇予告（手当）が不要となる場合としては，本条3項に定めるほか，日々雇い入れられる者を解雇する場合（1か月を超えて引き続き雇用されるに至った場合を除く。），2か月以内の期間を定めて使用される者を解雇する場合（その期間を超えて引き続き雇用されるに至った場合を除く。），季節的業務に4か月以内の期間を定めて使用される者を解雇する場合（同）もありますが，本就業規則の適用対象者である正社員は無期雇用労働者であることを想定しているため，これらは規定していません。

第38条（金品の返還）

　退職しまたは解雇される社員は，退職・解雇日までに，所持する会社の業務上の資料・物品・データ・その他の会社の貸与物等について，会社の指示に従って返還または破棄しなければならない。

第7章　安全衛生・健康管理

第39条（安全衛生）

　社員は，安全衛生に関する法令および会社からの指示を遵守しなければならない。

第40条（健康診断）

1　会社は採用時および毎年1回（深夜労働に従事する者については6か月に1回）定期に健康診断を行い，法令で定められた有害業務に従事する労働者に対しては特殊健康診断も行う。

2　社員が前項に規定する健康診断に相当する健康診断を受け，その結果を証明する書面を事業者に提出したときは，前項の健康診断は実施しないことがある。

3　長時間の労働により疲労の蓄積が認められる社員から申し出があった場合には，医師による面接指導を行う。

第41条（ストレスチェック）

1　会社は社員に対し，毎年1回，定期にストレスチェックを実施する。

2　前項のストレスチェックの結果，高ストレス者と判定され，面接指導が必要であると医師等が認めた者については，その者の申し出により医師による面接指導を行う。

第42条 （妊娠中及び出産後の健康管理に関する措置）

1　妊娠中または出産後1年を経過しない女性社員から母子保護法の規定による保健指導または健康診査を受けるために申し出があった場合は，必要な範囲で所定労働時間内の通院を認める。

2　前項の女性社員から保健指導または健康診査に基づき医師等の指導を受けた旨の申し出があった場合，会社は勤務時間の変更，勤務の軽減等必要な措置を講ずる。

第8章　懲戒

第43条 （懲戒の種類）

会社は，社員が次条のいずれかに該当する場合は，その態様・情状等を考慮して，以下のいずれかの懲戒処分を行う。

①けん責

始末書を提出させて将来を戒める。

②減給

1回の額が平均賃金の1日分の半額を超えず，総額が1賃金支払期における賃金の総額の1割を超えない範囲内で減給する。

③出勤停止

出勤を差し止め，その間の賃金は支払わない。

④降職・降格

役職・職務等級のいずれかまたは双方を降格させる。

⑤諭旨解雇

退職願の提出を求め，提出しない場合は懲戒解雇する。

⑥懲戒解雇

予告期間を経ることなく即時解雇する。この場合において，労働基準監督署長の認定を受けたときは解雇予告手当は支給しない。

第44条（懲戒の事由）

　社員が次のいずれかに該当するときは，その態様・情状等を考慮して前条に定めるいずれかの懲戒処分を行う。

①重要な経歴を詐称して採用されたとき

②無断欠勤したとき

③欠勤，遅刻，早退，私用外出が多数に及ぶとき

④業務上の指示・命令に従わなかったとき

⑤本就業規則その他会社が定めるルールに違反したとき

⑥会社に対する報告・届出等を怠り，または虚偽の報告・届出等を行ったとき

⑦故意・過失により事故を発生させるなどして会社に損害を与えたとき

⑧刑法等の法規に抵触する犯罪行為を行ったとき

⑨取引先から金品や利益の供与を受けるなど業務上の地位を利用して個人的な利益を得たとき，またはそのような利益を得ようとしたとき

⑩会社の名誉信用を傷つけたとき

⑪会社の営業秘密を第三者の漏えいし，または私的に利用したとき
　社内で暴行，業務に関係のない勧誘，噂の流布を行うなどして社内の風紀秩序を乱したとき

⑫その他前各号に準ずる事由があるとき

第45条（監督責任）

　部下が懲戒処分を受けたことについて上長の指導監督に不行き届きがある場合は，上長を懲戒することがある。

附則

第１条（施行日）

　この就業規則は○○年○○月○○日から施行する。

3 労使協定の意義と留意点

-Q- 69 労使協定の効力

労使協定はどのような時に必要なのでしょうか。

A

(1) 労使協定の効果

労使協定は，使用者が，当該事業場の労働者の過半数で組織する労働組合，そのような労働組合がない場合には，当該事業場の労働者の過半数を代表する者と，書面により協定を締結することによって，労働基準法や，育児・介護休業法等が定める規制のうち，一定のものについて法の規制を免れることができるものです。労基法の場合には罰則もありますので，罰則を免れることができるということから，免罰的効果があるという言い方もします。

例えば，1日8時間，週40時間を超える労働は労基法32条により禁止されていますが，労使協定を締結することにより，1年単位の変形労働制を導入して1日10時間の労働をさせたり，36協定（労基法36①本文）を締結して法定労働時間を超える労働をさせたりすることが可能になります。

(2) 労基法上の労使協定

労基法上，労使協定が必要とされる場面としては，次のものがあります。

① 労働者の貯蓄金を管理する場合（社内預金）（労基法18②）

② 賃金・賞与・退職金から，組合費や社内ローンの返済金等を控除

する場合（賃金全額払い原則の免除）（労基法24①）

③　変形労働時間制を行う場合（ただし１か月単位の変形労働時間制については就業規則による実施も可能）（労基法32の２，32の４，32の５）

④　フレックスタイム制を行う場合（労基法32の３）

⑤　一斉休憩の例外とする場合（労基法34）

⑥　時間外労働または休日労働を行わせる場合（労基法36）

⑦　月60時間を超える時間外労働について代替休暇制度を行う場合（労基法37③）

⑧　事業場外労働のみなし労働時間制において，通常必要とされる時間みなしとする場合（労基法38の２②）

⑨　専門業務型裁量労働制を行う場合（労基法38の３①）

⑩　時間単位年休の制度を行う場合（労基法39④）

⑪　計画年休の制度を行う場合（労基法39⑥）

⑫　年次有給休暇の賃金として健康保険法の標準報酬月額の30分の１に相当する金額又は当該金額を基準として厚生労働省令で定めるところにより算定した金額を支払う場合（労基法39⑨）

(3)　育児休業法における労使協定

　育児休業法において，労使協定が必要とされる場面に次のものがあります。

①　一定の労働者に対して，育児休業や介護休業の申出を拒否する場合（育介法６①，12②）

②　一定の労働者に対して，看護休暇，介護休暇の申出を拒否する場合（育介法16の３②，16の６②）

③　子の看護休暇，介護休暇を半日単位で取得する場合の時間数を所定労働時間の２分の１以外の時間とする場合（育介法16の２②，16の５②，育介則34②，40②）

④ 一定の労働者に対して，育児・介護のための所定外労働の制限の申出を拒む場合（育介法16の8①，16の9①，育介則44，48）

⑤ 一定の労働者に対して，育児短時間勤務や介護短時間勤務の申出を拒む場合（育介法23①，育介則73）

(4) その他

　働き方改革の関連では，令和2年の施行になりますが，派遣労働者の処遇（同一労働同一賃金）については，①派遣先の労働者との均等・均衡待遇を図る方式（改正派遣法30の3）と，②同種業務の一般の労働者の平均的な賃金と同等以上の賃金であること等一定の要件を満たす労使協定による待遇を行う方式（改正派遣法30の4）が定められましたので，②の場合には労使協定が必要です。

　その他，雇用安定事業などによる給付金支給の要件として労使協定が要求されています。

労使協定が締結されていない場合のリスク

労使協定を締結していない場合はどうなりますか。

A

　Q79に述べたとおり，労使協定は，法律の規制について適用を免れる効果を有しています。またその結果，罰則のある規制に関しては，罰則の適用を免れさせる効果も有しています。労使協定を締結していない場合は，規制や罰則の適用免除がなく，法の原則がそのまま適用されることになります。

　例えば，36協定を締結していない場合は，法定労働時間を超える時間外労働，法定休日における休日労働をさせることはできません。時間外労働等をさせた場合は労基法32条に違反することになります。32

条違反については罰則もあります（6箇月以下の懲役又は30万円以下の罰金）（労基法119）。

　1年単位の変形労働時間制，フレックスタイム制，専門業務型裁量労働制など，導入に労使協定が必要な制度に関しては，労使協定を締結していない場合は，それらの時間制度は無効となりますので，原則の1日8時間，週40時間の労働時間制（労基法32）が適用されることになります。したがって，例えば，フレックスタイム制のつもりで，1日8時間を超える労働をさせていたとすれば，労基法32条違反となります。もっとも，当該事業場に36協定があれば，36協定の範囲内にある限りは，8時間を超える労働も32条違反にはなりませんが，その場合でも，割増賃金の不払いを生じている可能性があります。

　なお，36協定の場合は締結のみならず届出も必要です。1年単位の変形労働時間制，専門業務型裁量労働制の場合も労使協定の届出が必要であり，フレックスタイム制の場合は清算期間が1か月を超える場合は労使協定の届出が必要です。労基法に係る労使協定の届出については届出書式（様式）が用意されており，また，電子政府の総合窓口「e-Gov（イーガブ）」より，電子申請が利用可能です。

-Q- 71　労使協定の締結・届出の留意点

労使協定締結・届出の手続を教えてください。

A

　労使協定締結・届出の手続は次のとおりです。

(1)　締結当事者の確認・選出

　使用者側の締結当事者は，会社の代表者あるいは当該事業場の長等，会社内部で労使協定締結の権限を与えられている者が該当します。

労働者側の締結当事者は，当該事業場の労働者の過半数で組織する労働組合（以下「過半数組合」といいます。）がある場合には，その労働組合が締結当事者となります。労使協定は，事業場単位で締結されますので，当該事業場で，過半数組合となっているかどうか確認する必要があります。

一方，過半数組合がない場合には，当該事業場の労働者の過半数を代表する者（以下「過半数労働者」といいます。）を選出して，当該過半数代表者と労使協定を締結します。

労働者側の締結当事者や過半数代表者の選出手続に関しては，Q72で詳しく説明します。

(2) 意見集約

労使協定の締結に向けて，過半数組合あるいは過半数労働者は，事業場の従業員の意見を集約することになります。この点に関して，労基法施行規則6条4項は，「過半数代表者」に関しては，使用者は過半数代表者が法に規定する協定等に関する事務を円滑に遂行することができるよう必要な配慮を行わなければならないとしています。通達は，この「必要な配慮」には，例えば，過半数代表者が労働者の意見集約等を行うに当たって必要となる事務機器（イントラネットや社内メールを含む。）や事務スペースの提供を行うことが含まれるとしています（平成30年12月28日基発1228第15号）。

(3) 労使協定の締結・届出

労使の合意ができれば，労使協定を書面で締結します。労使双方が署名または記名押印をします。

社内預金の労使協定や，36協定，1年単位の変形労働時間制，専門業務型裁量労働制，清算期間が1か月を超えるフレックスタイム制の労使協定については届出が必要です。電子政府の総合窓口「e-Gov

（イーガブ）」より，電子申請をすることも可能です。

　労使協定と協定の届出書は，概念としては別のものですので，労使協定を締結し，労基署への届出が必要な協定に関しては，労基法の労使協定の場合には定められた届出書の様式により，届出をするという手続になります。

　例えば36協定に関して，通達は，36協定を書面で結ばずに定められた様式のみを届け出たとしても，時間外労働等を行わせることはできないことはいうまでもないとしたうえで，届出様式に労働者代表の押印等を加えることにより，これを36協定の協定書とすることは差し支えなく，これを届け出ることも差し支えないが，その場合には当該協定書の写しを事業場に保存しておく必要があるとしています（平成11年３月31日基発168号）。36協定の届出様式をそのまま36協定書とする例も多いようですが，上記通達に留意する必要があります。電子申請等を利用した場合でも，36協定書には過半数労働組合または過半数代表者の署名または記名・押印が必要です。

　各事業場の36協定の内容が同一である場合には，本社で一括して，本社を管轄する労基署に届出をすることができます。内容が同一であるという点について，締結当事者も同一である必要がありますので，労働側の当事者が過半数組合の場合に限られます。

(4)　周知

　労基法上の労使協定については，使用者に周知義務があります（労基法106）。周知方法について，労基法施行規則52条の２は，①常時各作業場の見やすい場所へ掲示し，又は備え付けること。②書面を労働者に交付すること，③磁気テープ，磁気ディスクその他これらに準ずる物に記録し，かつ，各作業場に労働者が当該記録の内容を常時確認できる機器を設置することを定めています。

3 労使協定の意義と留意点 205

-Q- 72 労使協定の労働者側締結当事者

労使協定は誰と結べばいいのでしょうか。

A

(1) 過半数組合について

　労働者側の締結当事者は，当該事業場の労働者の過半数で組織する労働組合（以下「過半数組合」といいます。）がある場合には，その労働組合が締結当事者となります。労使協定は，事業場単位で締結されますので，当該事業場で，過半数組合となっているかどうか確認する必要があります。

　企業内組合であって，ユニオンショップ協定もあり，管理職を除いて正社員全員が加入しているような場合でも，管理職の割合や非正規社員の割合が高い場合には，過半数を割っていることがありますので要注意です。締結後に，労使締結当時に過半数組合でなかったことが判明すると，当該労使協定は無効となります。36協定が無効となれば，時間外・休日労働がさせられなくなります。

　過半数かどうかを確認する際，パート，アルバイト，契約社員や管理監督者など，組合員資格のない労働者も，労働者である以上，母数に算入されます。また，36協定に関して，休職中で当該協定の期間中に出勤が全く予想されない者も，母数に算入すべきであるとした通達があります（平成11年3月31日基発168号）。そうすると，出向中で出向元では休職扱いとなっている者も，同様に在籍している限りは母数に算入すべきでしょう。出向社員として受け入れている者については，出向先との間にも雇用契約関係が成立しており，かつ出向先の指揮命令下で就労しているので，当然，36協定の締結当事者を考える際の母数に算入されることになります。

　なお，複数組合が併存している場合，過半数に満たない少数組合か

ら，労使協定の対象である事項に関して団体交渉を申し入れられることがあります。少数組合は労使協定の締結当事者ではありませんが，労働組合である以上，団体交渉権があります。使用者は，少数組合から，組合員の処遇に関して交渉の申し入れがなされた場合には，団体交渉に応じる義務がありますので，労使協定の締結当事者でないことを理由に休日・時間外労働等，処遇に関する団体交渉を拒否することはできません。労使協定の締結手続とは別の話になりますが，団体交渉拒否は，不当労働行為となります（労組法7一）。

(2) 過半数代表者について

過半数組合がない場合には，当該事業場の労働者の過半数を代表する者（以下「過半数労働者」と言います）を選出して，当該過半数代表者と労使協定を締結します。

労基法施行規則6条は，過半数代表者は，次の各号のいずれにも該当する者とするとしています。

① 労基法41条2号に規定する監督または管理の地位にある者でないこと。

② 法に規定する協定等をする者を選出することを明らかにして実施される投票，挙手等の方法による手続により選出された者であって，使用者の意向に基づき選出されたものでないこと。

なお，管理監督者しかいないような事業場については，労働時間に関する労使協定は不要ですが，それ以外の労基法18条2項，24条1項但書，39条4項，6項，9項の労使協定締結について，締結の必要がある場合は，過半数代表者は上記②に該当する者とするとしています（労基則6②）。

(1)に述べたとおり，それまで社内の労働組合と36協定を締結していたが，36協定締結の準備として確認したところ過半数を切っていたという事態が発生しています。もっとも，労働組合としても労使協定締

結への関与は重要ですから，各事業場で職場委員等が候補者になるなどし，朝礼の場で挙手で過半数代表者としての信任を得る，あるいは回覧板方式で署名を集めて信任を得るということで，スムーズに過半数代表者が選出されていることが多いようです。ひと手間かかることになりますが，正当な過半数代表者であるためには，きちんとした対応が必要です。もちろん対立候補が出て，選挙になることもありますが，使用者としては選挙等に介入することはできません。

　組合がない場合等が，むしろ選任に苦労することがあります。自薦・他薦で候補者を出してもらいますが，会社から指名するようなことはできません。候補者が立てば，投票や挙手等の民主的方法で選出します。メールで信任を問い，返信がなかったものも賛成票にカウントして過半数代表者を選出するという例もありますが，過半数代表者と認められないとの行政指導を受けるリスクがあります。返信のなかったものも，母数にカウントし，賛成票は賛成を明示したものを数えることとしたうえで，棄権せずにメールに返信（投票）をするよう，広報に努めます。もちろん特定の候補者に肩入れするような活動はできません。

　トーコロ事件（東京高裁平成9年11月17日判決：労働判例729号44頁）は，会社の親睦団体の代表者が自動的に労働者代表となって36協定を締結していたケースですが，代表者選出手続きが取られていないことから当該36協定は無効であり，したがって，労働者に時間外労働をさせることはできないとされました。このようなケースでは，おそらく36協定の締結当事者であることを明示して，選挙をすれば，結論としては同じ人（親睦会の代表者）が過半数代表者として選出されたのではないかと思いますが，結果ではなく手続の問題です。きちんと民主的な選出手続を行う必要があります。

208 第2 働き方改革と就業規則・労使協定への影響

労使協定と労働協約

Q 73

労働協約との違いを教えて下さい。

A

(1) 労働協約とは

労働協約とは，使用者と労働組合が労働条件その他，合意した事項について，書面に作成し，両当事者が署名し，または記名押印したものを言います（労組法14）。

労働協約には，労働条件や労使関係のルールを包括的に定めたもののほか，毎年の賃上げ，一時金について交渉妥結した際に締結するもの，転勤や退職勧奨，解雇等をめぐる紛争など，その時々の労使の課題について合意し，締結したものなどがあります。

労働組合員の個々の労働契約のうち，労働協約に定める労働条件その他の労働者の待遇に関する基準に違反する労働契約の部分は，無効とされ，この場合において無効となった部分は，労働協約による基準の定める内容となります。労働契約に定めがない部分についても，同様に労働協約による基準の定める内容となります（労組法16）。

労働協約に反する就業規則は，当該反する部分については，労働協約の適用を受ける労働者との間の労働契約において効力を有しないことになります（労契法13）。

(2) 労使協定と労働協約の違い

労働協約は，労使の合意により労働条件や組合活動のルールなど，様々な事項について締結することができますが，労使協定は，法律にその内容や効果が規定されています。Q69に述べたとおり，労使協定は，一定の法律の規制を免除するものとして，法律に根拠を置き，要件や効果が定められているものです。

また，労働協約は使用者が，労働組合と締結するものですが，労使協定の場合は，過半数組合，そのような組合の無い場合は過半数代表者と締結するものです。

労働協約は，原則として当該労働組合の組合員にしか効力が及びません。例外的に，事業場の4分の3以上の労働者で組織されている労働組合の労働協約は，当該事業場に使用される他の同種の労働者にも適用されますが（労組法17)，その場合でも，別組合の組合員に対しては適用されません。これに対して，労使協定は，当該事業場における使用者の行為について，法律の規制を免除するものであり，過半数組合と労使協定を締結した場合であっても，効力が及ぶ範囲は，当該組合の組合員に限定されるものではありません。例えば36協定については，過半数組合が締結した場合であっても，当該組合の組合員のみならず，組合に加入していない者，別組合に加入している者に効力が及び，使用者はこれらの者について時間外労働や休日労働を命じることができます。

⑶　労働協約の形で労使協定締結

以上のとおり，労働協約と労使協定は，それぞれ異なる概念ですが，ややこしいことに，労働条件について使用者と労働組合が合意して文書を作成し，署名または記名押印すると，それは労働協約に該当しますので，例えば時間外労働，休日労働について労使が合意して署名等をすると，それは36協定であると同時に，労働協約でもあるということになります。

このように労働協約の形で労使協定を締結した場合も，労使協定としての効力に支障はありません。なお，36協定には有効期間を定めることとされていますが，労働協約については期間の定めのないものも許容されていますので，労働協約の形で労使協定を締結した場合には，有効期間の定めを置く必要はありません（労基則17①一）。ただし，そ

の場合でも36協定の対象期間（36協定により時間外労働，休日労働をさせることができる期間）は１年間であり，有効期間の範囲内において，対象期間の起算日から１年ごとに区分した各期間となります（平成30年12月28日基発1228第15号）。

なお，労基法の規制を外すための労使合意は，同法において労使協定として定められていますが，１点，例外なのは賃金の現物支給に関する労使合意であり，これは「労働協約」とされていますので（労基法24①但書），注意が必要です。過半数代表者との合意では賃金の現物支給はできません。

Q 74 労使委員会の協定代替決議とは

企画業務型裁量労働制や高度プロフェッショナル制度を導入するための労使委員会の決議で，36協定に代えることができるのですか。

A

労使委員会とは，賃金，労働時間その他の当該事業場における労働条件に関する事項を調査審議し，事業主に対し当該事項について意見を述べることを目的とする委員会であって，使用者及び当該事業場の労働者を代表する者を構成員とするものを言います（労基法38の4①本文）。労使委員会の委員の半数については，当該事業場に，労働者の過半数で組織する労働組合がある場合においてはその労働組合，労働者の過半数で組織する労働組合がない場合においては労働者の過半数を代表する者により任期を定めて指名されていることが必要です（労基法38の4②一）。また，労使委員会の議事については，議事録が作成され，かつ３年間保存され（労基則24の2の4②），労働者に対する周知が図られることが必要です（労基法38の4②二）。

労使委員会において，その委員の5分の4以上の多数による議決により時間外・休日労働に関して36協定（労使協定）に替えて決議をすることができます。決議を届け出ることにより，当該決議の範囲内で，法定労働時間を延長し，又は，休日に労働をさせることができます。36協定以外にも，以下の協定については労使委員会の決議により労使協定に代替することができます（労基法38の4⑤）。

① 1か月単位の変形労働時間制（労基法32の2①）

② フレックスタイム制（労基法32の3）

③ 1年単位の変形労働時間制（労基法32の4①②）

④ 1週間単位の非定形型的変形労働時間制（労基法32の5①）

⑤ 一斉休憩の適用除外（労基法34②）

⑥ 代替休暇（労基法37③）

⑦ 事業場外労働のみなし労働時間制（労基法38の2②）

⑧ 専門業務型裁量労働制（労基法38の3）

⑨ 時間単位年休（労基法39④）

⑩ 年次有給休暇の計画的付与（労基法39⑨）

⑪ 年次有給休暇中の賃金の支払方法（労基法39⑨）

4 働き方改革と労使協定の改訂

ここでは具体的な労使協定の例を紹介します。

＜1＞36協定例

　○○株式会社と○○労働組合は，社員の法定時間外労働および法定休日労働について，以下のとおり協定する。

1　就業規則○条により労働時間を延長し，または休日に労働させることができる社員は以下の者とする。

　　○部に所属する社員

2　本協定の対象期間は○○年○○月○○日から1年間とする。

3　会社が1項に定める社員の労働時間を延長し，または休日に労働させることができるのは以下の場合とする。

　　○○の場合

4　労働時間を延長して労働させることができる時間は下表のとおりとし，労働させることができる休日の日数は月に2日までとする。なお，下表の1年の起算日は○○年○月○日とする。

期間	1日	1か月	1年
延長可能時間	10時間	45時間	360時間

5　当該事業場における通常予見することのできない業務量の大幅な増加等に伴い臨時的に第4項の1か月および1年の延長可能時間を超えて労働させる必要がある場合においては，1年について6か月以内に限り，下表の時間労働させることができる。なお，1か月の特別延長可能時間については，法定時間外労働と休日労働の合計時間とする。

期間	1か月	1年
特別延長可能時間	99時間	720時間

6　会社は，法定時間外労働または休日労働を行わせる場合であっても，①1か月の法定時間外労働時間および休日労働時間の合計は100時間未満とし，②第2項の対象期間の初日から1か月ごとに区分した各期間に当該各期間の直前の1か月，2か月，3か月，4か月および5か月の期間を加えたそれぞれの期間における労働時間を延長して労働させ，および休日において労働させた時間の1か月当たりの平均時間は80時間を超えないものとする。

7　第4項の1か月および1年の延長可能時間を超えて労働させた労働者に対しては，○○の措置をとる。

8　第4項の1か月および1年の延長可能時間を超えて労働させた部分の労働に係る割増賃金率は25％とする。

9　第4項の1か月および1年の延長可能時間を超えて労働させる場合，会社は当該社員に対してその旨の通知を行う。

10　本協定の有効期間は○○年○○月○○日から1年間とする。

○○年○○月○○日

○○株式会社

○○部長　　○○○○

○○労働組合

委員長　　　○○○○

※5項について，労基法施行規則により，限度時間を超えて労働させる労働者に対する健康および福祉を確保するための措置を定めなければならない

とされています。

※7項の措置については，限度基準により以下のいずれかの措置をとるよう求められています。

　①労働時間が一定時間を超えた労働者に医師による面接指導を実施すること。

　②労働基準法第37条第4項に規定する時刻の間（注：午後10時〜午前5時の深夜時間帯）において労働させる回数を1か月について一定回数以内とすること。

　③終業から始業までに一定時間以上の継続した休憩時間を確保すること。

　④労働者の勤務状況およびその健康状態に応じて，代償休日または特別な休暇を付与すること。

　⑤労働者の勤務状況およびその健康状態に応じて，健康診断を実施すること。

　⑥年次有給休暇についてまとまった日数連続して取得することを含めてその取得を推進すること。

　⑦心とからだの健康問題についての相談窓口を設置すること。

　⑧労働者の勤務状況およびその健康状態に配慮し，必要な場合には適切な部署に配置転換をすること。

　⑨必要に応じて，産業医等による助言・指導を受け，または労働者に産業医等による保健指導を受けさせること。

　⑩その他

※1年間の上限時間を定める必要があることから，36協定の対象期間（第2項）は1年間とする必要がありますが，有効期間（第10項）については期間の制限はありません。もっとも，36協定については定期的に見直しを行う必要があると考えられることから有効期間は1年とすることが望ましいとされており（平成11.3.31基発第169号），対象期間も1年であることからすれば，有効期間も1年としておくのがよいと思われます。

4 働き方改革と労使協定の改訂　215

＜参考＞　時間外・休日労働に関する協定届（中小企業への新様式の適用は平成32年4月〜）
　　　　・限度時間以内で時間外・休日労働を行わせる場合（一般条項）

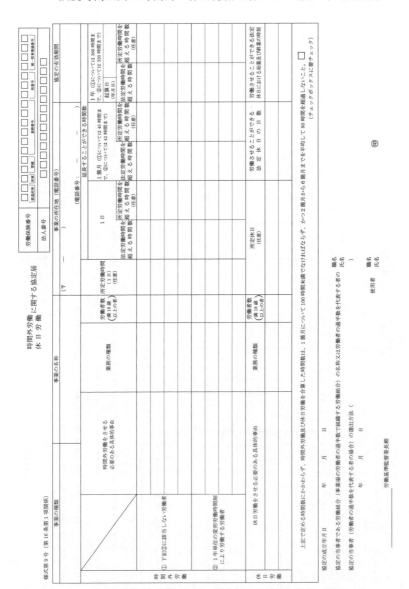

・限度時間を超えて時間外・休日労働を行わせる場合（特別条項）
　＊特別条項の部分のみ

様式第9号の2（第16条第1項関係）

時間外労働
休日労働　に関する協定届（特別条項）

業務の種類	労働者数（満18歳以上の者）	1日（任意） 延長することができる時間数 法定労働時間を超える時間数	1日（任意） 所定労働時間を超える時間数（任意）	1箇月（時間外労働及び休日労働を合算した時間数。100時間未満に限る。） 延長することができる時間数及び休日労働の時間数 限度時間を超えて労働させることができる回数（6回以内に限る。）	1箇月 限度時間を超えて労働させることができる時間数 法定労働時間を超える時間数と休日労働の時間数を合算した時間数。	1箇月 所定労働時間を超える時間数と休日労働の時間数を合算した時間数（任意）	1箇月 限度時間を超えた労働に係る割増賃金率	1年（時間外労働のみの時間数。720時間以内に限る。）起算日（年月日） 延長することができる時間数 限度時間を超えて労働させることができる時間数 法定労働時間を超える時間数	1年 所定労働時間を超える時間数（任意）	1年 限度時間を超えた労働に係る割増賃金率
臨時的に限度時間を超えて労働させることができる場合										

限度時間を超えて労働させる場合における手続

限度時間を超えて労働させる労働者に対する健康及び福祉を確保するための措置　（具体的内容）

上記で定める時間数にかかわらず、時間外労働及び休日労働を合算した時間数は、1箇月について100時間未満でなければならず、かつ2箇月から6箇月までを平均して80時間を超過しないこと。□（チェックボックスに要チェック）

協定の成立年月日　　年　月　日

協定の当事者である労働組合（事業場の労働者の過半数で組織する労働組合）の名称又は労働者の過半数を代表する者の　職名　氏名

協定の当事者（労働者の過半数を代表する者の場合）の選出方法（　　　　）

　　　年　月　日
　　　　使用者　職名
　　　　　　　　氏名　㊞

労働基準監督署長殿

＜2＞時間単位年休を認める場合の協定例

　○○株式会社と○○労働組合は，時間単位年休について，以下のとおり協定する。

1　時間を単位として有給休暇を与えることができることとされる労働者の範囲

　　○○部所属の社員

2　時間を単位として与えることができることとされる有給休暇の日数

　　5日

3　時間を単位として与えることができることとされる有給休暇1日の時間数

　　8時間

4　時間単位年休を取得する場合の単位時間数

　　○時間

20○○年○○月○○日

　　　　　　　　　　　　　　　　　　○○株式会社

　　　　　　　　　　　　　　　　　　○○部長　　○○○○

　　　　　　　　　　　　　　　　　　○○労働組合

　　　　　　　　　　　　　　　　　　委員長　　　○○○○

※2項の日数は5日以内で認められます。

※3項の時間数は1日の所定労働時間数（日によって所定労働時間数が異なる場合は1年間における1日平均所定労働時間数）を下回らないものとする必要があります。

※4項については，1時間以外の時間を単位として有給休暇を与えること

218　第2　働き方改革と就業規則・労使協定への影響

する場合にその時間数（一日の所定労働時間数に満たない時間）を定める
必要があります。

＜3＞フレックスタイム制の労使協定例（清算期間1か月の例）

　○○株式会社と○○労働組合は，社員に対するフレックスタイム制の適用について，以下のとおり協定する。

1　フレックスタイム制の適用対象者は以下の者とする。ただし，業務上の必要性等に鑑みて，会社は対象者ごとにフレックスタイム制の適用を停止することがあるものとする。

　　○○部に所属する社員

2　清算期間は毎月1日から末日までの1か月間とする。

3　清算期間における総労働時間は1か月の所定労働日数に8時間を乗じた時間とする。

4　標準となる1日の労働時間は8時間とする。

5　社員が労働しなければならない時間帯（コアタイム）は午前○時から午後○時までとする。

6　労働者がその選択により労働することができる時間（フレキシブルタイム）は午前○時から午前○時までと午後○時から午後○時までとする。

7　フレックスタイム制適用者が時間外労働および休日労働を行う場合は，事前に所属長に申請し，その許可を得なければならないものとする。

8　清算期間中の実労働時間が総労働時間を超過した場合は，超過した時間に対して時間外割増賃金を支給する。

9　清算期間中の実労働時間が総労働時間に満たない場合は，不足時間分の賃金を控除するものとする。

20○○年○○月○○日

　　　　　　　　　　　　　　　　　　○○株式会社

　　　　　　　　　　　　　　　　　　○○部長　　○○○○

○○労働組合

委員長　　○○○○

※清算期間が1か月以内の協定の場合は，所轄労働基準監督署への届出は不要です。

※清算期間が1か月以内の場合は有効期間の定めは不要です。

＜4＞フレックスタイム制の労使協定例（清算期間3か月の例）

　○○株式会社と○○労働組合は，社員に対するフレックスタイム制の適用について，以下のとおり協定する。

1　フレックスタイム制の適用対象者は以下の者とする。ただし，業務上の必要性等に鑑みて，会社は対象者ごとにフレックスタイム制の適用を停止することがあるものとする。

　　○○部に所属する社員

2　清算期間は4月，7月，10月，1月の1日から翌々月の末日までの3か月間とする。

3　清算期間における総労働時間は清算期間中の所定労働日数に8時間を乗じた時間とする。

4　標準となる1日の労働時間は8時間とする。

5　社員が労働しなければならない時間帯（コアタイム）は午前○時から午後○時までとする。

6　労働者がその選択により労働することができる時間（フレキシブルタイム）は午前○時から午前○時までと午後○時から午後○時までとする。

7　フレックスタイム制適用者が時間外労働および休日労働を行う場合は，事前に所属長に申請し，その許可を得なければならないものとする。

8　清算期間中の実労働時間が総労働時間を超過した場合は，超過した時間に対して時間外割増賃金を支給する。

9　清算期間中の実労働時間が総労働時間に満たない場合は，不足時間分の賃金を控除するものとする。

10　本協定の有効期間は○○年○○月○○日から1年間とする。ただし，有効期間満了の30日前までに締結当事者のいずれからも申し出がないときは，さらに1年間有効とし，以降も同様とする。

○○年○○月○○日

○○株式会社

○○部長　○○○○

○○労働組合

委員長　　○○○○

※清算期間が1か月を超える協定の場合は，所轄労働基準監督署への届出が必要となります。

※清算期間が1か月を超える協定の場合は有効期間の定めが必要です。有効期間は1年より長くても短くてもかまいません。

＜5＞高度プロフェッショナル制に関する労使委員会決議例

　○○株式会社○○支店における労使委員会は，その委員の5分の4以上の多数による議決により以下のとおり議決した。

1　高度プロフェッショナル制の対象業務は○○業務とする。ただし，当該業務に関し使用者から具体的な指示を受けて行うものを除く。

> ※対象業務は高度プロフェッショナル制を適用できる業務のうちのいずれであるかを明らかにする必要があります。

2　(1)対象業務に就かせる社員は○○部○○課所属の社員のうち，会社との書面による合意に基づき職務が明確に定められ，年収が1075万円以上の者で，あらかじめ書面により高度プロフェッショナル制の適用を受けることに同意した者とする。

> ※「職務を定めるに当たり，使用者及び労働者は，職務において求められる成果その他の職務を遂行するに当たって求められる水準を客観的なものとすることが望ましい」とされており，その例としては一定の職務経験年数や資格等が挙げられています（高プロ指針）。

　(2)本人同意を得るに当たって，会社は社員本人にあらかじめ次に掲げる事項を書面で明示し，十分な考慮時間を確保するものとする。
　①高度プロフェッショナル制度の概要
　②本決議の内容
　③本人同意をした場合に適用される評価制度及びこれに対応する賃金制度
　④本人同意をしなかった場合の配置及び処遇並びに本人同意をしなかったことに対する不利益取扱いは行ってはならないものであること

⑤本人同意の撤回ができること及び本人同意の撤回に対する不利益取扱いは行ってはならないものであること

(3)本人同意を得るに当たっては，高度プロフェッショナル制の適用に同意すること，同意の対象期間及び対象期間中に支払われることが確実に見込まれる賃金の額を記載した書面に社員の署名押印をした同意書の提出を受けるものとする。

(4)本人同意の対象となる期間は，1年未満の有期契約を締結している社員については当該期間，1年以上の有期契約または無期契約を締結している社員については長くとも1年間とし，当該期間が終了するごとに必要に応じ当該社員に適用される評価制度及び賃金制度等について見直しを行った上で，改めて本人同意を得なければならない。なお，これらの見直しを行う場合には，会社は，労使委員会に対し事前にその内容について説明するものとする。

(5)会社は，本人同意を得る前かそれと同時に職務の内容について社員との間で合意しなければならない。

(6)前項の合意をするに当たっては，業務の内容，責任の程度，職務において求められる成果その他の職務を遂行するに当たって求められる水準を明らかにした書面に社員の署名をして提出させるものとする。

(7)会社は，社員を高度プロフェッショナル制の対象とすることで，当該社員の賃金の額が対象となる前の賃金の額（割増賃金として支払われていた額を含む。）から減ることのないようにしなければならない。

※本人同意の対象となる期間を1か月未満とすることは認められないとされています（高プロ指針）。

3　(1)会社は，対象業務に従事する社員の健康管理を行うために，当該社員が事業場内にいた時間（休憩時間その他社員が労働していない時間は除く。）と事業場外において労働した時間との合計の時間（健康管理時間）を把握する措置として，タイムカードによる記録を行わなければならな

い。ただし，事業場外において労働した場合において，顧客先に直行直帰し，タイムカードの打刻ができないときは，対象社員の自己申告によることができる。

※労使委員会で決議することにより，健康管理時間から休憩時間その他労働者が労働していない時間を除くことができます。
※健康管理時間を把握する方法としては，①タイムレコーダーによるタイムカードへの打刻記録，②PC内の勤怠管理システムへのログイン・ログオフ記録，③ICカードによる出退勤時刻または事業場への入退場時刻の記録といった客観的な方法によることになりますが，事業場外において労働した場合であってやむを得ない理由があるときは自己申告によることができるとされています。
　ただし，対象社員が事業場外で労働し，やむを得ない理由（例：①顧客先に直行直帰し，勤怠管理システムへのログイン・ログオフ等もできないこと，②事業場外において，資料の閲覧等パーソナルコンピュータを使用しない作業を行うなど，勤怠管理システムへのログイン・ログオフ等もできないこと，③海外出張等勤怠管理システムへのログイン・ログオフ等が常時できない状況にあること）がある場合には，対象社員による自己申告により把握することが認められますが，「やむを得ない理由」については具体的に示されている必要があるとされています（高プロ指針）。

---

　(2)会社は，健康管理時間を把握するに当たっては，対象社員ごとに，日々の健康管理時間の始期および終期並びにそれに基づく健康管理時間の時間数を記録し，少なくとも1か月当たりの健康管理時間の時間数の合計を把握しなければならない。自己申告により複数の日についてまとめて把握する場合であっても，日々および1か月当たりの健康管理時間は明らかにされなければならない。

　(3)会社は，健康管理時間の記録について，対象社員から○○部○○課○宛に書面による求めがあった場合は，当該対象社員に開示しなければならない。

　(4)会社は，対象社員の健康管理時間の状況と併せてその健康状態を把

握するため，対象社員から所属長に対して○か月に１回，健康状態についての申告をさせ，所属長は当該申告に基づきヒアリングを行うこととする。

> ※(4)は，使用者は対象労働者の健康管理時間の状況と併せてその健康状態を把握することを決議に含めることが望ましいとされていること（高プロ指針）を受けたものです。

4　対象業務に従事する社員に対しては，高度プロフェッショナル制の適用の開始日を起算日として，１年間を通じ104日以上，かつ，４週間を通じ４日以上の休日を与えなければならない。休日を取得する場合に当たって，対象社員は，休日取得日を明らかにしたカレンダーを会社に提出し，○か月に１回，休日の取得状況を使用者に説明するものとする。

> ※決議に際し，対象労働者の休日の取得の手続の具体的内容を明らかにすることが必要であるとされています。
> ※対象労働者が，あらかじめ年間の休日の取得予定を決定し，使用者の通知することおよび休日の取得の状況を使用者に明らかにすることが望ましいとされています。

5　会社は，対象業務に従事する社員に対して，社員ごとに始業から時間を経過するまでに11時間以上の継続した休息時間を確保し，かつ，深夜に労働させる回数を１か月について４回以内としなければならない。

> ※５については状況にあわせていずれかの条項を選択することになります。
> 　５"の「年次有給休暇を除く」という文言は，年次有給休暇を与えた日については休日を与える必要はない旨を明らかにしたものであり，２週間または１週間の連続した休日は年次有給休暇を含むものであっても構いません（高プロ通達）。

5'　高度プロフェッショナル制の適用対象社員に対しては，健康管理時間の上限を，1週間当たりの健康管理時間が40時間を超えた場合におけるその超えた時間について，1か月当たり100時間（または3か月当たり240時間）とする。

5''　高度プロフェッショナル制の適用対象社員に対しては，1年に1回以上の継続した2週間（対象者が請求した場合においては，1年に2回以上の継続した1週間）の休日（年次有給休暇を除く。）を与える。

5'''　1週間当たりの健康管理時間が40時間を超えた場合におけるその超えた時間が1か月当たり80時間を超えた場合または高度プロフェッショナル労働制適用対象社員から申し出があった場合は，当該対象社員について健康診断を実施する。なお，会社は，前者の場合は1か月の健康管理時間を集計したときから，後者については申し出があったときから1か月以内に健康診断を実施するものとし，当該社員に対して確実に健康診断を受けさせるようにするとともに，健康診断の結果の記録，同結果に基づく当該社員の健康を保持するために必要な措置に関する医師の意見の聴取，当該医師の意見を勘案した適切な措置等を行うものとする。

※健康診断の実施項目は，以下の項目を含むものに限るとされています。
①既往歴及び業務歴の調査　　　　⑦尿検査
②自覚症状及び他覚症状の有無の検査　⑧心電図検査
③身長，体重及び腹囲の検査　　　⑨対象社員の勤務の状況，疲労の
④血圧の測定　　　　　　　　　　　蓄積の状況その他対象社員の心
⑤血中脂質検査　　　　　　　　　　身の状況の確認
⑥血糖検査

6　会社は，対象業務に従事する社員の健康管理時間の状況に応じた当該社員の健康および福祉を確保するための措置として，当該社員に対して

年間○日の有給休暇（年次有給休暇を除く。）を付与しなければならない。

※６項で定める健康管理時間の状況に応じた健康確保措置としては，①法定の選択的措置（５項の４つの措置）のうち第５項の措置として決議されたもの以外のいずれか，②代償休日または特別な休暇の付与，③心とからだの相談窓口の設置，④配置転換，⑤産業医の助言指導に基づく保健指導，⑥医師による面接指導があります。

7 (1)高度プロフェッショナル制の対象社員は，○○部○○課○宛の書面を提出することにより，同制度の適用に関する同意を撤回することができる。

※決議に際し，同意の撤回について，撤回の申出先となる部署および担当者（個人名までは必要なく，職名で足ります。），撤回の申出の方法等その具体的内容を明らかにすることが必要であるとされています（高プロ指針，高プロ通達）。

　なお，本人同意の撤回を申し出た労働者については，その時点から高度プロフェッショナル制の法律上の効果は生じないとされています（高プロ指針）。

(2)対象社員が本人同意を撤回した場合，当該対象社員の処遇は高度プロフェッショナル制適用直前のものによるものとし，配置場所は同意撤回時の状況を踏まえて会社が決定するものとする。なお，会社が意図的に制度の要件を満たさなかった場合等，本人同意の撤回に当たらない場合はこの限りではない。

※本人同意を撤回した場合の撤回後の配置および処遇またはその決定方法について，あらかじめ決議で定めておくことが望ましいとされています（高プロ指針）。

8 対象業務に従事する社員は，高度プロフェッショナル制の実施に関するもののほか，対象社員に適用される評価制度およびこれに対応する賃

金制度等，高度プロフェッショナル制に付随する事項について，○○部○○課○宛に書面による苦情を申し出ることができる。

> ※決議に際し，苦情処理措置について，苦情の申出先となる部署および担当者，取り扱う苦情の範囲，処理の手順，方法等その具体的内容を明らかにすることが必要であるとされており，使用者や人事担当者以外の者を申出先となる担当者とすること等の工夫により，対象労働者が苦情を申し出やすい仕組みとすること，取り扱う苦情の範囲については，高度プロフェッショナル制の実施に関する苦情のみならず，対象労働者に適用される評価制度およびこれに対応する賃金制度等高度プロフェッショナル制に付随する事項に関する苦情も含むものとすることが適当であるとされています（高プロ指針）。

9　会社は，高度プロフェッショナル制の適用に関して同意をしなかった社員に対して解雇その他不利益な取扱いをしてはならない。

10　健康管理時間が○時間を超えた社員については，その翌月から高度プロフェッショナル制度を適用しないこととする。

> ※委員は，把握した対象労働者の健康管理時間およびその健康状態に応じて，対象労働者への高度プロフェッショナル制の適用について必要な見直しを行うことが決議に含めることが望ましいとされています。この決議案に記載した条項はその例として指針に挙げられているものですが，このような条項が必須というわけではないので，各企業の実情に応じた内容をご検討ください。

11　本決議の有効期間は○○年○○月○○日から1年間とし，再度決議しなければ更新されない。

> ※決議の有効期間は有効期間は1年間とすることが望ましく（高プロ指針），自動更新しないこととされています（労基則34の2⑮一）。

12　労使委員会は6か月に1回，定期報告を行う時期に開催する。ただし，委員の半数以上から決議の変更等のための労使委員会の開催の申し出が

あった場合は，本決議の有効期間中であっても決議の変更等のための調査審議を行う。

> ※労使委員会の開催頻度および開催時期は，少なくとも6か月以内ごとに1回，労基署長に定期報告を行う時期とすることとされています（高プロ指針）。

13　会社は，高度プロフェッショナル制の対象社員の健康管理を行うために，必要な知識を有する医師を選任する。

> ※常時50人未満の労働者を使用する事業場については，労働者の健康管理に当たる医師を選任することが決議事項となっています。

14　会社は，本人同意およびその撤回，合意した職務の内容，支払われると見込まれる賃金の額，健康管理時間の状況，休日確保措置，選択的措置として講じた措置，健康・福祉確保措置として講じた措置並びに苦情処理として講じた措置に関する社員ごとの記録並びに社員の健康管理に当たる医師の選任（常時50人未満の労働者を使用する事業場に限る。）に関する記録を，本決議の有効期間中およびその満了後3年間保存しなければならない。

15　会社が対象社員に適用される評価制度およびこれに対応する賃金制度を変更しようとする場合は労使委員会に対し事前に変更内容の説明をするものとする。

> ※5項に定めることができる措置としては，ほかに以下の措置があります。
> ・健康管理時間を1箇月または3箇月についてそれぞれ厚生労働省令で定める時間を超えない範囲内とすること。
> ・1年に1回以上の継続した2週間（労働者が請求した場合においては，1年に2回以上の継続した一週間）（使用者が当該期間において，年次有給休暇を与えたときは，当該有給休暇を与えた日を除く。）について，休日を与えること。
> ・健康管理時間の状況その他の事項が労働者の健康の保持を考慮して厚生

労働省令で定める要件に該当する労働者に健康診断（厚生労働省令で定める項目を含むものに限る。）を実施すること。

※第6項に定めることができる措置としては，ほかに以下の措置があります。

・健康診断の実施

・その他の厚生労働省令で定める措置

※労使委員会を設けるに当たっては，その要件として労使委員会の運営規程が設けられている必要があります（労基則34の2の3において準用する労基則24の2の4）。

運営規程に規定する必要がある事項は，労使委員会の招集，定足数，議事その他労使委員会の運営について必要な事項です。

また，運営規程には，労使委員会の招集に関する事項として労基法第41条の2第1項の決議の調査審議のための委員会，決議に係る有効期間中における制度の運用状況の調査審議のための委員会等定例として予定されている委員会の開催に関することおよび必要に応じて開催される委員会の開催に関することを，議事に関する事項として議長の選出に関することおよび決議の方法に関することを，それぞれ規定することが適当であるとされています（高プロ指針）。

さらに運営規程において，定足数に関する事項を規定するに当たっては，労使委員会が労基法第41条の2第1項に規定する決議をする場合の「委員の5分の4以上の多数による議決」とは，労使委員会に出席した委員の5分の4以上の多数による議決で足りるものであることに鑑み，全委員に係る定足数のほか，労使を代表する委員それぞれについて一定割合または一定数以上の出席を必要とし，これらを満たさない場合には議決できないことを定めることが適当であるとされています（高プロ指針）。

加えて，運営規程においては，労使委員会に対して使用者が開示すべき情報の範囲，開示手続，開示が行われる労使委員会の開催時期等必要な事項を定めておくことが適当であるとされています（高プロ指針）。

そのほか，労使委員会と労働組合等との関係について，運営規程においては，労使委員会と労働組合または労働条件に関する事項を調査審議する労使協議機関との関係を明らかにしておくため，それらと協議の上，労使委員会の調査審議事項の範囲を定めておくこと，労使委員会決議をもって労使協定に代えることができるとされている事項について，労使委員会と上記労使委員会決議をもって代えられる労使協定の締結当事者となり得る労

> 働組合または過半数代表者との関係を明らかにしておくため，これらと協
> 議の上，労使委員会が労使協定に代えて決議を行うこととする範囲を定め
> ておくことが適当であるとされています（高プロ指針）。

16　会社は労使委員会に対し，次の情報を開示する。

(1)高度プロフェッショナル制の対象社員に適用される評価制度，賃金制
　　度および対象業務の具体的内容

(2)健康管理時間の状況，休日確保措置，選択的措置，健康・福祉確保措
　　置及び苦情処理措置の各実施状況，並びに労使委員会の開催状況

○○年○○月○○日　　　　　　　　　○○株式会社○○事業場労使委員会

　　　　　　　　　　　　　　　　　委員　　○○○○

　　　　　　　　　　　　　　　　　　　　　○○○○

　　　　　　　　　　　　　　　　　　　　　○○○○

5 その他の検討事項

<1>副業・兼業

-Q- 75 副業・兼業に関する裁判例

働き方改革のテーマの中に，副業・兼業規制の緩和が
あげられていますが，今までの裁判例はどのような考え方をし
ていたのですか。

A

「働き方改革」のテーマの中に，柔軟な働き方として，副業・兼業
規制の緩和があげられています。もっとも，裁判例は以前から副業・
兼業（以下「兼業等」といいます。）を規制して厳しい処分をしたり，
許可制を厳格に運用したりするのは問題があるとしていました。

労働契約において，労働者は，就業時間中の労務提供義務を負うの
みであって，就業時間外のプライベートな時間まで拘束されるもので
はありません。そのため，そもそも兼業等を規制することができるの
かという議論があり，兼業等の絶対的禁止を定める就業規則の規定に
ついては，私生活上の自由への規制が著しく，合理性がないとされて
います。しかし，兼業等の種類，程度等によっては企業秩序や事業運
営に影響を与える場合があるので，兼業に対する一定の規制が許容さ
れてしかるべきです。そこで，従業員の兼業等について，会社の承諾
を必要とする旨の許可制の規定は合理性があり，有効であるとされて
います（小川建設事件東京地裁昭和57年11月19日決定：労働判例397号30
頁等）。

ただし，裁判例の多くは，許可制の規定自体は一応有効とするもの
の，兼業制限に抵触する場面を限定解釈しています。単に，許可なく
アルバイトをしているというだけでなく，深夜までのアルバイトで本
業の労務提供に支障を生じている場合，内容に照らして企業の体面を
損なうおそれがある場合，情報漏洩リスクがある場合，競業会社で勤
務したり起業するなど背信性が高い場合等，労務提供や企業秩序への
悪影響があるといった事情がある場合に限って，「規制されている兼
業」に該当するとしています。マンナ運輸事件（京都地裁平成24年7
月13日判決：労働判例1058号21頁）は，運転手のアルバイト申請に対し
て，長時間労働になることを等を理由に再三，不許可にしたという事
案ですが，裁判所は，許可制は問題ないが，使用者の恣意的な判断を
許すものでなく，兼業によっても使用者の経営秩序に影響がなく，労
働者の使用者に対する労務提供に格別支障がないような場合には，当
然兼業を許可すべき義務を負うとしたうえで，4回の不許可のうち2
回は，著しく不合理なもので，不法行為に該当するとしました。許可
制の運用については慎重な対応が必要になると考えます。

-Q- 76 副業・兼業に関する就業規則の留意点

副業・兼業の規制緩和に関して，就業規則の定めにつ
いて，どのような点に留意すべきですか。

A

上記のとおり，許可制を定める就業規則について，それ自体は有効
であるとするのが裁判例であり，多くの企業は「許可なく兼業しては
ならない」という規定にしています。しかし，平成30年1月，厚生労
働省は，後記のとおりモデル規定例を改訂し，届出制のもとで，例外
的に問題のある兼業等については禁止または制限することができると

する文言に変更しています。

　モデル規定も一定の場合には禁止・制限が可能としており，禁止・制限の対象とする兼業等は，従前の許可制のもとで，不許可としうるとされてきた兼業等と同様ですから（後記モデル規定例参照），許可制を定めていた企業で，今ただちに就業規則の変更が必要となるわけではないと考えます。ただし，Q75に述べたとおり運用に際しては，不許可としうる場合が限定されることに十分留意する必要があります。

-Q- 77　副業・兼業を認める場合の留意点

副業・兼業を届出てもらって，特段の問題がない限り，認めたいと思いますが，副業・兼業規制を緩和する場合，運用上の留意点はありますか。

A

　厚生労働省は，平成30年1月，「副業・兼業の促進に関するガイドライン」を公表していますので，運用等において参考になります。

　就業時間の把握について，労働基準法38条では「労働時間は，事業場を異にする場合においても，労働時間に関する規定の適用については通算する。」と規定されており，「事業場を異にする場合」とは事業主を異にする場合をも含むとされています（昭和23年5月14日基発第769号）。通算するためには，使用者は，労働者からの自己申告によって副業・兼業先での労働時間を把握することが考えられます。

　労災保険の給付（休業補償，障害補償，遺族補償等）については，給付額は災害が発生した就業先の賃金分のみに基づき算定されます。また，労働者が，自社，副業・兼業先の両方で雇用されている場合，一の就業先から他の就業先への移動時に起こった災害については，通勤災害として労災保険給付の対象となります。

雇用保険，厚生年金保険，健康保険についても，兼業先の労働時間等を通算すれば，適用要件を満たす場合でも，個々の事業主のもとで要件を満たすかどうかが判断される結果，社会保険等の対象とならないということが生じます。

これらは，立法で解決すべき課題であり，厚生労働省の検討会において法改正に関する検討がなされています。

【厚生労働省モデル規定例】

（副業・兼業）

第67条　労働者は，勤務時間外において，他の会社等の業務に従事することができる。

　　2　労働者は，前項の業務に従事するにあたっては，事前に，会社に所定の届出を行うものとする。

　　3　第1項の業務に従事することにより，次の各号のいずれかに該当する場合には，会社は，これを禁止又は制限することができる。

　　　①　労務提供上の支障がある場合

　　　②　企業秘密が漏洩する場合

　　　③　会社の名誉や信用を損なう行為や，信頼関係を破壊する行為がある場合

　　　④　競業により，企業の利益を害する場合

<2>テレワーク・在宅勤務

-Q- 78 テレワーク・在宅勤務の様々な制度設計

テレワーク，在宅勤務にはどのような勤務形態があり
ますか。

A

　情報通信技術の発展により，パソコンやスマートフォンなどの情報
通信機器を活用した，場所にとらわれない柔軟な働き方が注目される
ようになりました。在宅勤務のほか，サテライト・オフィスにおける
勤務，営業など外勤業務においてモバイル端末を活用するモバイル
ワークなどもあり，総称してテレワークと言います。

　在宅勤務の形態も様々であり，所定労働日のすべてを在宅勤務とす
るのでなく，週1日等，日数を限定する例も多くみられます。あるい
は半日在宅勤務として，4時間は出社して勤務し，その後，自宅で勤
務するという例もあります。また，時間管理については，大きく分け
て①始業・終業時刻をその都度報告させて，時間把握を徹底する場合
と，②事業場外労働としてみなし労働時間制を利用する場合がありま
す。近年では，①を導入する傾向があるように思われます。

　いずれにせよ，在宅勤務を導入する目的や，業務の性質等による事
業運営上の都合など，労使のニーズを把握して，それにふさわしい制
度設計をすることが必要です。

-Q- 79 在宅勤務制度導入時の留意点

在宅勤務を制度化する場合，どのような点について検討する必要がありますか。

A

　導入に際しては，制度の趣旨目的を明確にしたうえで，対象となる業務や労働者の範囲，通信機器の貸与や費用負担のあり方，時間管理，安全配慮義務，情報セキュリティ，人事評価の方法などを検討することになります。制度設計や運用に関して，厚労省は，平成30年2月に，「情報通信技術を利用した事業場外勤務の適切な導入及び実施のためのガイドライン」を策定していますので，参考になります。

　在宅勤務を円滑に運用するためには，労使の理解と協力のもとに実施することが必要ですが，基本的な枠組みとしては，労務提供の場所の指定に関する事項ですので，使用者が指示・命令するものとして制度設計すべきだと考えます。在宅勤務の適用申請や，在宅勤務をする日，時間をどうするかどうかなど，労働者から申請してもらう場合も，上司が必要性・相当性を認めて許可したときに初めて実施しうるという形にすべきです。また，在宅勤務は自律的に処理できる業務，自律的に働ける労働者を前提としていますので，いったん許可しても，不都合があると認められた場合には，上司の判断で取り消す権限も留保しておくべきです（240頁規定例参照）。

　なお，事業場外労働として，労働時間みなし制度を導入するためには，労働時間の算定が困難であることが必要です。テレワークにおいて労働時間を算定することが困難であるというための要件に関しては，通達があり（平成20年7月28日基発第0728002号），ガイドラインも通達を踏まえて，以下の要件をいずれも満たす必要があるとしています。

① 情報通信機器が，使用者の指示により常時通信可能な状態におくこととされていないこと，すなわち，情報通信機器を通じた使用者の指示に即応する義務がない状態であること。例えば，労働者が自由に情報通信機器から離れたり通信可能な状態を切断したりすることが認められない場合には，①の要件を満たしていないとされ，事業場外労働のみなし制度は適用できません。

② 随時使用者の具体的な指示に基づいて業務を行っていないこと。

-Q- 80 在宅勤務制度の運用上の留意点

在宅勤務制度の運用に際して，使用者としては，どのような点に留意すべきですか。

A

運用上の留意点として重要な点はやはり時間管理（健康への配慮を含む）と情報セキュリティでしょう。

事業場外労働のみなし労働時間制を適用する例もありますが，最近は，むしろ，始業時刻・終業時刻・休憩（中抜け含む）を報告させてしっかり労働時間の把握をする制度が多いようです。所定時間中は職務専念義務があり，使用者が時間把握をする中で，通常の所定労働時間を働いてもらうという制度設計です。みなし制度と両極端と言えますが，どういうニーズがあって，どういう形で在宅勤務を利用するか，企業としては，まずその点について十分検討した上で，方向を決めることになります。

情報セキュリティの面では，社外では扱えないような重要な情報を用いるものは，そもそも制度対象外とします。漏洩があった場合の有形・無形の損害は今日では計り知れません。そこまでの場合でなくても，業務用パソコンを貸与する場合は，セキュリティソフト，パスワー

ド等の対策のほか，労働者の教育，誓約書の提出などの意識啓発も必要です。家族からも，業務用パソコンを閲覧したりしませんという誓約書を取るといった話も聞きますが，使用者の監督が届くわけではないので，社員にしっかり家族を指導監督してもらうのが現実的だと思います。

【規定例】

（在宅勤務の定義）

第1条　在宅勤務とは社員の就業の一形態として，自宅等においてモバイル，パソコン等の情報通信機器を用いて業務遂行することをいう。

（対象者）

第2条　在宅勤務の対象者は，在宅勤務を希望する社員のうち，次の要件を全て満たすと会社が判断した者とする。

① 担当業務の性質に照らして，支障がない者

② 業務遂行，時間管理において，自己管理ができる者

③ 自立して業務遂行のできる者

④ 情報セキュリティ上問題のない者

（就業場所）

第3条　在宅勤務の就業場所は，業務に適した環境と情報セキュリティが確保されており，会社が在宅勤務可能と認めた自宅または会社が指定したサテライトオフィスとする。

（労働時間）

第4条　始業・終業時刻，休憩時間については，原則として事業所において就労する場合と同様とし，始業時，終業時，休憩の開始・終了時に，都度，連絡するものとする。やむをえない事情により，始業・終業時刻の変更，休憩の変更（中抜けを含む）を希望する場合には，事前に申請して許可を得て行うものとする。

2　在宅勤務においては，時間外労働，休日労働，深夜労働は認めない。ただし，やむをえない事由がある場合には，事前に所属長に申請し，許可を得て行うものとする。

（利用回数）

第5条　在宅勤務の利用回数は週1回を上限とする。ただし，特段の事由のある場合は，上限を超える回数について在宅勤務を認めることがある。

（利用申請）

第6条　在宅勤務を希望する者は，利用予定日の前週木曜日（営業日に限る）までに所定の申請書を所属長に提出して許可を得るものとする。

（利用許可）

第7条　所属長は，申請者の業務の進捗状況，申請内容等を総合判断して許否を判断し，結果を申請者に通知する。ただし，やむをえない事情が生じた場合は，許可を取り消して出勤を命じることがある。

（連絡体制）

第8条　在宅勤務中は，休憩時間を除き始業・終業時刻の間，所属長および他の社員と連絡可能な環境を整えるものとする。

（費用の負担）

第9条　在宅勤務に必要な機器（モバイルパソコン・携帯電話等）は会社が在宅勤務者に対して貸与する。

2　会社は，在宅勤務により生じる費用（通信費，光熱費，自宅からサテライトオフィスまでの交通費等）を負担しない。

（情報管理）

第10条　在宅勤務中も，会社の情報管理規定を遵守し個人情報や営業秘密を適正に管理するものとする。

2　在宅勤務の実施に必要な資料を持ち帰る場合は，所定の手続

きを経なければならない。

（その他）

第11条 この規程に規定のない事項は，労働基準法その他関係法規および社内規程によるものとする。

<3>短時間正社員制度

-Q- 81 多様な形態による正社員と短時間正社員

短時間正社員とはどのような制度ですか。

A

　厚生労働省は平成24年3月「多様な形態による正社員」に関する研究会報告書を公表しました。

　「多様な形態による正社員」とは，いわゆる正社員と同様に無期労働契約でありながら，職種，勤務地，労働時間等が限定的なものを指し，非正規社員にとって正社員転換の機会を拡大する可能性があり，正社員にとってもワーク・ライフ・バランスの実現の一つの手段となりうる制度として活用を提言しています。この多様な正社員のうち，労働時間が限定的なものが「短時間正社員」です。

　法的な定義はありませんが，厚労省の扱いとしては，短時間正社員とは，フルタイム正社員と比較して，1週間の所定労働時間が短い正規型の社員であって，次のいずれにも該当する社員のことを言います。

① 期間の定めのない労働契約（無期労働契約）を締結している

② 時間当たりの基本給及び賞与・退職金等の算定方法等が同種のフルタイム正社員と同等である。

　短時間正社員制度は，育児・介護等と仕事を両立したい社員，決まっ

た日時だけ働きたい者，定年後も働き続けたい者，無期転換後にさら
にキャリアアップを望むパートタイマー等に活躍の場を与える仕組み
となり得るものです。なお，育児・介護休業法の定めによる短時間勤
務制度を利用している正社員についても，上記①②に該当しますが，
一般的には育児のための短時間勤務等の間もフルタイムの正社員と雇
用区分を異にするものではなく，「短時間正社員」の概念からは外れ
ます。

-Q- 82 短時間正社員制度導入時の検討事項

短時間正社員制度を導入しようとする場合どのような
点に留意すべきですか。

A

短時間正社員制度に対する労使のニーズ，導入目的，短時間正社員
に期待する役割やその人材活用の仕組み等を十分検討して制度設計を
する必要があります。

処遇水準については，正社員との均衡・均等のほか，有期雇用労働
者とのバランスにも留意が必要です。いわゆる同一労働同一賃金に関
するパート・有期労働法は2020年4月1日から施行ですが，現行の労
働契約法20条も，無期と有期の処遇の相違について不合理なもので
あってはならないとしています。無期転換して短時間正社員となった
者と，無期転換前の短時間労働者の間の処遇の相違に関しても，労働
契約法20条が適用されますので，無期転換後，短時間正社員として正
社員同様の処遇となった場合，正社員との均等は確保できますが，有
期のままのパートとの格差について同条の問題となりえます。職務内
容や人材活用の仕組みが，短時間正社員としてそれまでと大きくこと
なることになれば問題ないと考えますが，あまり変化のないまま処遇

がアップされることになると，今度は，有期のままの短時間労働者との処遇格差の合理性が問題となるということです。多様な形態の正社員制度を導入する場合には，非正規との均等・均衡も視野にいれてそれぞれの担当職務，人材活用の仕組み等を検討する必要があります。

【厚生労働省モデル規定例】

　厚労省は，以下の短時間正社員就業規則の（ひな形）を公表しています。

　厚労省の概念では，短時間正社員の処遇は，フルタイマーの正社員と同一ということですので，短時間であることでフルタイマーと異なる部分等についてのみの規定となっています。

　※は筆者のコメントです。

第1章　総則

（目的）

第1条　この就業規則（以下「規則」という。）は，○○会社（以下「会社」という。）の短時間正社員制度の労働条件及び服務規律を定めたものである。

（適用範囲）

第2条　この規則は短時間正社員（1週間の所定労働時間が○時間以上○時間以下の社員であって，期間の定めのない労働契約を締結した者（育児・介護休業法で定める短時間勤務制度の適用を受ける者を除く。）をいう。）に適用される。

2　この規則に定めのない事項については，通常の正社員（以下単に「正社員」という。）に適用される就業規則及び労働基準法その他の法令の定めるところによる。

第2章　転換

（短時間正社員から通常の正社員への転換）

第3条　正社員になることを希望する短時間正社員は，会社にその旨を申し出ることができる。

2　前項の規定により申出があった場合，会社は，原則として申出日より○か月以内で期日を指定して，当該労働者を正社員へ転換させるものとする。

> ※短時間正社員制度に必須の制度ということではありません。

第3章

（労働時間，休憩時間及び休日）

第4条　始業及び終業の時刻，休憩時間並びに休日は，次のいずれかとする。

始業時刻	終業時刻	休憩時間	休日
○時○分	○時○分	○時○分から○時○分	○曜日，○曜日
○時○分	○時○分	○時○分から○時○分	○曜日，○曜日
○時○分	○時○分	○時○分から○時○分	○曜日，○曜日
○時○分	○時○分	○時○分から○時○分	○曜日，○曜日

（時間外労働）

第5条　短時間正社員に前条で定める労働時間を超えて，又は前条で定める休日に労働させないことを原則とする。ただし，短時間正社員との協議の上，前条で定める労働時間を超えて，労働させる場合がある。

> ※正社員と同様，「業務上の必要性に応じ，36協定の範囲内で時間外労働，休日労働を命じることがある」という規定でも法的には問題ありませんが，短時間正社員制度の趣旨からすると，時間外労働を命じるに際してはその要否，妥当性について慎重な検討を要します。

（年次有給休暇）

第6条　会社は短時間正社員に対し，雇入れ日から起算して6か月が経過した日及び当該日から起算して1年ごとに，勤続期間と1週間の所定労働日数に応じて，次表の通り年次有給休暇を付与する。ただし，当該年次有給休暇を付与する日（以下「付与日」という。）の前1年間（付与日が雇入れ日から6か月を経過した日である場合には，雇入れ日から付与日の前日まで）の全所定労働日における出勤率が8割未満の者には付与しない。

2　前項の規定にかかわらず，1週間の所定労働時間が30時間以上の場合は，週の実所定労働日数に関係なく，所定労働日数は5日とみなす。

3　第1項の週の所定労働日数は，付与日における所定労働日数とする。

週所定労働日数	雇入れ日から起算した継続勤務期間（単位：年）						
	0.5	1.5	2.5	3.5	4.5	5.5	6.5以上
5日以上	10	11	12	14	16	18	20
4日	7	8	9	10	12	13	15
3日	5	6	6	8	9	10	11
2日	3	4	4	5	6	6	7
1日	1	2	2	2	3	3	3

第4章　賃金

第7条　短時間正社員の賃金については，正社員の所定労働時間に対する，短時間正社員の所定労働時間の割合に応じて，基本給，○○手当，○○手当を支給する。通勤手当は，所定労働日数が1か月に○日以上の場合は，1か月の通勤定期券代を支給し，1か月に○日未満の場合は，1日当たりの往復運賃に出勤日数を乗じた金額を支給する。

> ※手当について時間比例としていますが，手当の趣旨目的のいかんで
> は，職務の内容や人材活用の仕組みに照らして，時間比例とするの
> は不合理とされる手当もあり得ます（パートタイム労働法（改正後
> パート・有期労働法）8，9）。

第5章　賞与

第8条　賞与は，正社員の所定労働時間に対する，短時間正社員の所定労働時間の割合に応じて支給する。

> ※賞与の仕組みは企業によって様々です。例えば，営業職について業績に応じた賞与査定をしている場合，必ずしも時間割合に応じて支給することが合理的とは限りませんので，各社で十分な検討をすることが必要です。

第6章　退職金

第9条　退職金算定の際の勤続年数の計算に当たっては，正社員として勤務した期間に，短時間正社員として勤務した期間を通算する。

> ※退職金制度も様々でありポイント制等の仕組みもありますので，各社で十分な検討をすることが必要です。

第7章　社会保険・労働保険の加入

第10条　短時間正社員には，健康保険・厚生年金保険が適用されるため，会社は必要な手続きを取る。

2　雇用保険の被保険者に該当する短時間正社員については，会社は必要な手続きを取る。

＜4＞地域限定正社員制度

-Q- 83　多様な形態による正社員と地域限定正社員

地域限定正社員とはどのような社員ですか。

A

Q81の冒頭で紹介した「多様な形態による正社員」のうち，勤務地が限定的なものが地域限定正社員です。いわゆるコース別人事制度において，一般職は転居転勤なしというのも，勤務地限定正社員の一例であり，制度としては決して目新しいものではありません。

地域の限定については，特定の事業場に限定する場合や，現在の住居から通勤可能な範囲を勤務地とし，その範囲内であれば異動をする場合，全国をいくつかのブロックに分けて，ブロックの中であれば転居転勤も行う場合など，限定の範囲は大小様々です。また，新卒採用後，一定の年齢までは転居転勤もあるが，その後は勤務地限定とするといった例もあります。

少子高齢化や労働人口の減少を背景に，全国転勤や頻繁な転勤などが人材確保の支障になっている場合もあり，今後の人材戦略を考えるうえで，勤務地限定正社員はひとつの選択肢となっています。

-Q- 84　地域限定正社員の制度・規定の留意点

地域限定社員の定義はどのような文言とすべきですか。また，制度設計上の留意点がありますか。

A

地域の限定文言としては，その範囲に応じて様々なものがあります。

5 その他の検討事項 249

＜例＞

① 勤務場所は採用時の事業所に限定し，事業所の変更を命じることはない。

② 勤務地は，採用時に指定した地域に限定する。

③ （転勤のある正社員と同一の就業規則に定める場合）業務の必要により転勤を命じることがある。ただし，地域限定正社員には，転居を伴う転勤を命じない。

④ 地域限定正社員に対しては，本人の同意なく各地域ブロックを越えて転居を伴う異動を行わない。

また，地域限定社員と通常の社員の間での転換を認めるかどうか，認めるとして，どのような要件とするのかなどは，企業によって様々です。転換制度を設ける場合には，申出の手続や，要件等について就業規則に定めておく必要があります。

いわゆるコース別人事制度における一般職（地域限定）に関しては，実質的な男女別処遇になっていないかという観点から問題とされることがあり，厚生労働省は「コース等で区分した雇用管理を行うに当たって事業主が留意すべき事項に関する指針」（平成25年厚生労働省告示第384号）を策定しています。男女双方に開かれたコースであることが必須ですが，処遇の相違の程度や，コース転換の可否等も制度設計に際して検討する必要があります。

-Q- 85 勤務地限定の場合の会社都合解雇

勤務場所とされた事業所の廃止があった場合，転勤なしとされていた地域限定社員については，当然に解雇されることになりますか。

A

　勤務場所が，特定の事業所に限定されていて，事業所の統廃合により当該事業所が廃止された場合，あるいは自宅から通勤可能な範囲に地域限定をしていたところ，事業所の移転により，通勤可能な範囲に事業所がなくなった場合など，勤務場所がなくなり，かつ転勤を命じることもできないのですから，解雇が検討されることになります。

　このような会社都合解雇について，判例は，整理解雇の4要素として①人員整理の必要性，②人選の合理性，③解雇回避努力，④説明・協議など適正手続の4つを挙げ，これらの総合判断により解雇の有効・無効を判断しています。上記のように勤務場所がなくなって転勤を命じることもできないという場合，①②は当然に充足し，④もきちんと説明をするなど努力すれば充足することになりますが，③に関して，裁判例は，勤務場所や勤務地の限定のある場合も，新たな就労場所を提案する（命じることはできませんので，提案になります）などして，解雇回避努力を尽くすことが必要としています。勤務場所がなくなったからといって，簡単に解雇できるわけではありません。

　なお，勤務地限定があっても，本人が同意をすれば異動させることができます。しかし，その同意は，労働者の任意（自由意思）によるものであることが必要です。そして，任意性の判断に関して，西日本鉄道事件（福岡高裁平成27年1月15日判決：労働判例1115号23頁）は（職種限定社員における職種変更とこれにともなう配置変更に関する事例でしたが），変更に至る事情およびその後の経緯，すなわち，労働者が自発的に変更を申し出たのか，それとも使用者の働き掛けにより不本意ながら同意したのか，また，後者の場合には，労働者が当該職種に留まることが客観的に困難な状況であったのかなど，当該労働者が職種変更に同意する合理性の有無，さらに，職種変更後の状況等を総合考慮して慎重に判断すべきものであるとしています。単に同意書に

判子をもらえば良いということでなく，変更の必要性や，変更後の処遇等について十分な説明をして，同意してもらうことが必要です。

—— MEMO ——

— MEMO —

【編集者・執筆者（太田・石井法律事務所）】

太田　恒久（弁護士　1976年東京大学卒　　1978年弁護士登録　経営
　法曹会議常任幹事）

石井　妙子（弁護士　1979年早稲田大学卒　1986年弁護士登録　経営
　法曹会議事務局長、同常任幹事）

【執筆者】

深野　和男（弁護士　1983年明治大学卒　　1993年弁護士登録　経営
　法曹会議幹事）

川端　小織（弁護士　1994年上智大学卒　　2001年弁護士登録　経営
　法曹会議）

伊藤　隆史（弁護士　2001年早稲田大学卒　2003年弁護士登録　経営
　法曹会議）

石井　拓士（弁護士　2008年慶應義塾大学法科大学院卒　2009年弁護
　士登録　経営法曹会議）

＜太田・石井法律事務所＞

　1992年（平成4年）3月開設。

　主に使用者側の立場から労働事件に取り組んでおり、所属弁護士は
全員第一東京弁護士会に所属し、経営法曹会議の会員である。

〒102-0082

東京都千代田区一番町13番地　ラウンドクロス一番町6階

電話：03-5276-0080

本書の内容に関するご質問は、ファクシミリ等、文書で編集部宛にお願いいたします。(fax 03-6777-3483)
なお、個別のご相談は受け付けておりません。

本書刊行後に追加・修正事項がある場合は、随時、当社のホームページにてお知らせいたします。

中小企業のための
働き方改革後の就業規則と労使協定

令和元年10月 5 日　初版第一刷印刷
令和元年10月10日　初版第一刷発行

（著者承認検印省略）

Ⓒ　編　者　太田　恒久
石井　妙子
発行所　税 務 研 究 会 出 版 局

週刊「税務通信」発行所
「経営財務」

代表者　山 根　　毅

〒100-0005
東京都千代田区丸の内1-8-2 鉄鋼ビルディング
振替00160-3-76223
電　話 ［書 籍 編 集］ 03（6777）3463
　　　 ［書 店 専 用］ 03（6777）3466
　　　 ［書 籍 注 文］ 03（6777）3450
〈お客さまサービスセンター〉

●　各事業所　電話番号一覧　●

北海道 011（221）8348　　神奈川 045（263）2822　　中　国 082（243）3720
東　北 022（222）3858　　中　部 052（261）0381　　九　州 092（721）0644
関　信 048（647）5544　　関　西 06（6943）2251

＜税研ホームページ＞ https://www.zeiken.co.jp

乱丁・落丁の場合は、お取替え致します。　　　印刷・製本　奥村印刷
ISBN978-4-7931-2462-4